La tierra sagrada

Tiziana Mattera

La tierra sagrada

Los espíritus de la naturaleza:
los devas del aire, del agua,
de la tierra y del fuego contactan con nosotros.

EDICIONES OBELISCO

Si este libro le ha interesado y desea que le mantengamos informado de nuestras publicaciones, escríbanos indicándonos qué temas son de su interés (Astrología, Autoayuda, Ciencias Ocultas, Artes Marciales, Naturismo, Espiritualidad, Tradición...) y gustosamente le complaceremos.

Puede consultar nuestro catálogo en www.edicionesobelisco.com

Colección Mensajeros del universo
La tierra sagrada
Tiziana Mattera

1.ª edición: febrero de 2012

Título original: *La terra sacra*

Traducción: *Jimena Fernández Pinto*
Corrección: *M.ª Jesús Rodríguez*
Diseño de cubierta: *Marta Rovira*
Sobre una ilustración de: *Tiziana Mattera*

© 2008, Edizioni Il Punto d'Incontro (texto e ilustraciones)
(Reservados todos los derechos)
© 2012, Ediciones Obelisco, S. L.
(Reservados los derechos para la presente edición)

Edita: Ediciones Obelisco, S. L.
Pere IV, 78 (Edif. Pedro IV) 3.ª planta, 5.ª puerta
08005 Barcelona - España
Tel. 93 309 85 25 - Fax 93 309 85 23
E-mail: info@edicionesobelisco.com

Paracas, 59 C1275AFA Buenos Aires - Argentina
Tel. (541-14) 305 06 33 - Fax: (541-14) 304 78 20

ISBN: 978-84-9777-813-8
Depósito Legal: B-635-2012

Printed in Spain

Impreso en España en los talleres gráficos de Romanyà/Valls, S. A.
Verdaguer, 1 - 08786 Capellades (Barcelona)

A Manuela, que ha recogido el hilo del amor

para tejer su sueño.

Los ángeles están presentes en nuestra vida.

Están por todas partes: ellos son los devas...

Introducción

¿Qué es lo que nos impulsa a escribir un libro? ¿Acaso es la necesidad de expresar y compartir nuestras ideas, nuestras reflexiones, nuestros pensamientos y los resultados de nuestras búsquedas? ¿O quizás también el deseo de compartir nuestros sueños, aquella trama sutil que es más que una esperanza y con la cual construimos, y no sin esfuerzo, pluma sobre pluma, ladrillo sobre ladrillo, nuestras alas de la libertad? ¿O tal vez para dejar al menos la huella del ligero batir de nuestras alas al desplegarse hacia todo cuanto aspiramos? Una huella... y un recorrido que ha sido posible solamente debido a que nunca nos hemos contentado con la «normalidad» de un pensamiento único y común que suele negar la posibilidad de evadirse de sus muros y convencionalismos estructurados. Sí, efectivamente, el deseo de contar una suerte de evasión, rasgando y excavando pacientemente aquellos muros con apenas un pequeño objeto, día tras día, hasta lograr que se abra un hueco lo suficientemente grande como para que podamos pasar por él. Es una ventana que se abre y nos permite ver un espacio abierto hacia el universo infinito. A todo ello se une el deseo de compartir la oportunidad de que creamos factible todo cuanto el miedo suele catalogar como imposible. Son también las ganas de contar a los demás sobre la alegría inefable de nuestro volar, sobre el sonido del viento que nos sostiene, el perfume del aire sin confines y nuestro viaje hacia aquellos espacios del alma que nos impulsan el vuelo y a desplegar las alas hacia la luz de aquel sol que les rinde homenaje.

Este tiempo es un gran momento de transición hacia una nueva conciencia y muchas personas, muchas, se despiertan de pequeñas pesadillas estrechamente unidas a los hábitos que solemos denominar seguridades y por los cuales se han sentido mayoritariamente protegidas. Pero en los hogares, en las calles y en los lugares olvidados podemos encontrarnos con miradas tristes, apagadas y confusas, con personas ahogadas en las prisiones de sus porqués, sus insatisfacciones, sus tibias rebeliones, sus absurdas reacciones, las mismas que les hacen saltar como pelotas de goma sobre las paredes que los circundan. Si tuvieran la osadía de contemplar su reflejo en el espejo mágico que es la vida, podrían comprobar allí que están esperando que las alas de su corazón desean ser reconocidas y utilizadas. Mientras tanto, sus antiguas formas se arrugan como un viejo folio escrito y reescrito infinidades de veces y donde no queda ya espacio en blanco para componer una nueva poesía. Este acto poético nace de un nuevo inicio y puede ser escrito sobre aquel folio apagado con un entusiasmo renovado, sus versos pueden tatuarse en el espacio aún intacto y virgen del alma. Es un espacio que se renueva constantemente con las nuevas visiones y la inédita realidad cada vez que nuestras alas baten.

Cada uno de nosotros guarda un sueño en el corazón. ¿Pero qué es un sueño sino el ideal que la conciencia reconoce como una realidad diferente? Se puede vivir una vida o una infinidad de vidas en una única noche de luna llena, bajo un cielo plagado de nubes que oscurecen el esplendor de aquella luz y en la esperanza de que aquel cielo se libere, que las nubes se disuelvan, para poder admirar la belleza del brillo de la luna y esperar. O podemos impulsarnos más allá de la oscuridad para darnos cuenta de que la luna, durante todo aquel tiempo, se estaba reflejando en el sol y que la noche es solamente una ilusión que hemos creído a pies juntillas.

Cada uno de nosotros tiene un sueño. Los caminos para alcanzarlo son tantos como seres humanos existen sobre la Tierra y que recorren este mundo. Algunos se cruzan, se encuentran, se unen y se funden entre sí con el único objetivo de confirmar una ruta que se hace más evidente, más clara y amplia, para que a su vez otros puedan seguirla de manera más fácil. Otras personas se ven obligadas a la soledad del camino. Pero, al final, unos y otros, todos, atienden la llamada y siguen el destino de unirse en una meta común.

Todos los sueños y todos los ideales comparten la misma matriz o raíz que les da nacimiento y origen. Aun cuando nuestro sueño puede parecer diferente del de otros, en realidad, siempre encontrará compañeros de viaje con los cuales podrá ser compartido para argumentarlo, confrontarlo, estructurarlo, transformarlo y enriquecerlo mientras nosotros a lo largo de este recorrido estamos desestructurando nuestras convenciones y nuestros miedos.

Recorrer el sendero del sueño que albergamos en nuestro corazón nos da la posibilidad de consentir con nuestra propia infinidad, con el dinamismo de nuestros procesos y pensamientos creativos, con la facultad imaginativa de nuestro espíritu sagrado. Todo ello rompe el cascarón del huevo protector en el cual nuestra alma se había encerrado esperando poder nacer a una nueva vida.

Nuestro sueño es nuestro proyecto evolutivo. Su forma se corresponde exactamente con el estado de conciencia que hemos alcanzado en cada reencarnación y en el tiempo entre una y otra. Es allí donde se concentra todo el esquema de posibilidades y de experiencias que el alma recorre cuando toma una nueva vestimenta, es decir, nuestro cuerpo físico. Dicho sueño o proyecto vital puede también ser considerado como un deber que algunas personas sienten que han de cumplir. O incluso puede manifestarse como el intenso deseo de comprender y perseguir el objetivo vital. No se trata tanto de lo que podemos hacer sino en lo que podemos transformarnos, mejorando esa realidad con nuevas visiones, ideas originales y amor renovado. En ese proceso el alma transporta de esa manera una idea del proyecto de Dios, aunque no sea del todo consciente, colabora así con el proceso evolutivo de la materia. Muy a menudo, entre nosotros y nuestro sueño queda una zona inexplorada hasta que llegamos a descubrir el secreto que encerraba. Quizás, en el fondo, es lo mismo que preguntarse por el objetivo de nuestro sueño, indagar sobre el lugar que ocupará en la Tierra, dado que una vez que lo conducimos a su realización comienza a interactuar con esta dimensión. La zona inexplorada es la felicidad, el amor y la paz que pueden ser encarnados superando definitivamente el actual paradigma de sufrimiento en el cual se haya inmerso nuestro mundo. En el proceso de este despertar de nuestra conciencia o proceso evolutivo, nuestro sueño o proyecto se vuelve cada vez menos personal, cada vez está menos atado a satisfacer una búsqueda de felicidad para el ego. Lo que de verdad quiere es abrazar la idea de un bien común desde los pequeños sueños de felicidad personal hasta el más amplio sueño de felicidad universal.

A veces podemos perdernos en el propio sueño, dejándolo encerrado en algún cajón porque no se cree de verdad que seamos capaces de vencer la soledad, el sufrimiento, la duda y poco a poco renunciamos y al hacerlo también olvidamos, sin saberlo, cómo entrar en el espacio infinito del corazón, allí donde vive esperándonos todo cuanto puede dar un sentido profundo a nuestra vida: nuestra autorrealización.

Por estas razones he elegido contar a los lectores mis experiencias. No se trata de creer. Ésa no es mi intención, nada más lejos. Simplemente he elegido entregar una parte de mi sueño vital. Como seres humanos que somos, nuestros sueños se asemejan porque nacen de un único gran sueño originado en la gran fuente creadora de la vida. Un sueño puede resultar estimulante y despertar otros sueños enterrados. Es precisamente por este motivo que no puedo guardar mi sueño solamente para mí.

Tiziana Mattera

Primera
Parte

El deseo del alma

En mi libro anterior, *Las cartas de los Elfos*, escribí sobre el reino encantado de los devas. Desde entonces han pasado algunos años. Muchas personas se acercaron a mí y me preguntaron repetidamente si tenía intenciones de profundizar en el tema. Durante cierto tiempo he reflexionado sobre ello y lo he estado considerando, pero lo que de verdad me ha impulsado a escribir han sido los encuentros con personas extremadamente sensibles en el mundo parco de nuestra realidad. Esto las ha vuelto demasiado vulnerables al sufrimiento y, con tal fuerza, que se han visto impulsadas a refugiarse en un mundo imaginario modelado según sus propios deseos y expectativas en el cual todo resultaba perfecto hasta que, llega un momento que ya no lo es. Su vida seguía un modelo personal de felicidad y serenidad encerrados en un refugio interior, que sin embargo retenía sus capacidades y su extraordinario potencial bien custodiados. Están dentro de un cajón que en cualquier momento puede convertirse en una cueva de la cual ya no se puede salir, causando frustración y sufrimiento hasta que no se recupera la capacidad de creer que los sueños pueden hacerse realidad de manera significativa en su más profundo significado y esencia precisamente aquí, en esta vida. Muy a menudo me encuentro con personas que se dirigen a mí para consultarme. He advertido que viven con una desazón profunda, la cual es una consecuencia de sentirse separados de la vida, que ocurre a su alrededor. A menudo sólo saben si se encuentran bien o mal, sin ser conscientes ni saber distinguir las emociones que sienten, es decir, no son capaces de dar un nombre a los propios sentimientos y no pueden reconocer sus virtudes ni sus capacidades especiales, simplemente porque no han creído poder llevarlos a su máxima expresión. Ciertamente, se puede argumentar que el mundo nos obstaculiza, nos pone impedimentos y nos rechaza, que es necesario luchar duramente y de forma continua, sin descanso. Pero el mundo, los otros, los demás, no es nada más ni nada menos que el espejo que revela los aspectos que nos pertenecen y que no queremos ver y que nos permiten conocernos de manera muy profunda. ¿Para qué nos sirven nuestras cualidades, nuestras virtudes, nuestros talentos, nuestros ideales sino para que podamos crear la realidad de nuestra vida de manera satisfactoria?

En muchas ocasiones he oído decir que nadie es verdadera imprescindible y que el mundo puede seguir adelante sin nosotros. No estoy para nada de acuerdo con esta idea. Creo profundamente que cada uno de nosotros es una parte integrante de la vida, que cada uno ocupa un lugar determinante en el entramado de la existencia. Si cualquiera de nosotros faltase, la vida resultaría incompleta. Hasta que no echemos una atenta mirada al tesoro escondido en nuestro interior, viviremos acuciados en nuestra cueva. Hasta que no desvelemos ese tesoro continuaremos sintiéndonos retados por quienes nos parecen mejores que nosotros. Hasta que no comencemos a regalar nuestras gemas preciosas no seremos conscientes de cuán únicos y especiales somos.

Si he podido observar a todas esas personas a las que he escuchado y observado y sobre quienes he podido intuir su profundo malestar con la vida, es gracias a que yo misma, en mi pasado, cuando era jovencita, durante mi adolescencia, pude experimentar una experiencia dolorosa similar. Por entonces vivía en un mundo maravilloso y también vivía bajo la sombra de mi visión ideal sobre mí misma y mi vida. Me alejaba y me aventuraba en regiones interiores que se volvían cada vez más amplias y luminosas, pero al mismo tiempo no sabía cómo vivir en la realidad ordinaria los contenidos de la armonía que descubría en el aquel universo del cual formaba parte y que me llenaban de alegría y libertad. Me parecía muy sencillo vivir de acuerdo a mi realidad interior y mi alma reconocía ese mundo con un profundo sentido de nostalgia. Había una separación infranqueable entre aquello que hubiera querido ser en el espacio de la realidad cotidiana y lo que sin embargo conseguía ser. El velo que me separaba de aquella otra realidad, la exterior, se había vuelto más pesado que cuando era una niña, pero por suerte no tanto como para impedirme ver o sentir. No estaba dispuesta a renunciar a mis ideales aunque me daba cuenta de que existía un espacio indefinido entre mi mundo interior y el de fuera. Por aquel entonces no era capaz de colmarme para reconciliarme con mis dos realidades, la interior y la exterior, me rendía ante ese lado del velo y seguía cuanto me exigía de forma segura. Aún no era consciente de que todas las circunstancias con las que me encontraba, aun siendo dolorosas, me estaban ofreciendo la posibilidad de comprender, aceptar y transformar mi profundo malestar.

El aspecto más extraordinario del mundo que se manifestaba en mí, mientras podía imaginarlo, era que al no parecerse a los contenidos de la realidad ordinaria, no estaba sujeto a las leyes de la materia. No estaba tampoco limitado por ninguna visión moral ni por los dogmas eclesiásticos, tampoco por la desconfianza de los dudosos ni por las máscaras de falsedad con las que las personas esconden sus propios miedos, ni por los deberes ni por los sacrificios ni por la redención de los pecados. Realmente no estaban limitados por nada. Desde pequeña he mantenido contactos con la realidad invisible, por lo que puede parecer que para mí fuera más sencillo. Sí, en efecto, yo sabía que existía un mundo mucho más libre, pero a veces me desesperaba intentando dar con la forma de expresarme en el mundo de la realidad cotidiana o esforzándome en encontrar y descubrir aquellas verdades en esa densa dimensión a la cual llegamos y volvemos a encarnarnos. Pero no las encontraba, siempre parecía que se escondían. Mientras tanto, una voluntad que parecía independiente de mí me guiaba interiormente. Mi mundo interior se iba definiendo con un perfil cada vez más claro y real mientras que yo me esforzaba más y más, inconscientemente incluso, por encarnar en mi desarrollo interior todas aquellas cualidades y aspectos ideales importantes y necesarios para mi vida y mi desarrollo. Estaba empezando a entregarme a mi sueño y, sin saberlo, estaba empezando a realizarlo.

Cuando somos niños jugamos a ser varios y extraordinarios personajes. Los adultos dejan que los niños se comporten de esta forma poco común pensando que se trata solamente de un juego infantil sin más importancia. En realidad, el alma está buscando las formas de hilvanar los hilos de su pasado a un nuevo presente en el que la personalidad se está estructurando. Los niños viven en un intenso presente. También viven el aspecto mágico de la existencia y conocen las fórmulas mágicas de la felicidad. Durante la adolescencia la capacidad imaginativa que nos permite jugar a ser uno u otro personaje no ha desaparecido sino que ha crecido. Es una disposición que se va modelando según el esquema de la personalidad que se va formando a medida que nos enfrentamos al mundo. Todos los adultos han vivido un período de luchas extenuantes intentando adaptar su alma soñadora a la estructura más real demandada por el mundo. La diferencia en el período adolescente radica en que se señala negativamente a quienes están pasando por dicha fase imaginativa y de necesidad de confirmación personal a través de los mitos. Se cree que es una señal peligrosa de falta de adaptación al medio.

La visión interior adolescente busca los mitos porque necesita encontrar a través de ellos los valores de verdad, justicia, honestidad y amor que la sociedad ya no sabe ofrecerle. Se buscan estas imágenes como buenamente se puede y muy a menudo de manera equivocada. En líneas generales, el mundo estructurado y rígido de los adultos se opone a la visión interior del adolescente. Ambos tiran en direcciones opuestas. Los adultos usan todos los medios posibles, tanto de manera consciente como inconsciente, que están a su alcance para que los jóvenes adopten sus mismos esquemas dogmáticos. La gran mayoría de los adultos parece haber olvidado aquella etapa de sus propias vidas. O tal vez, a medida que han ido creciendo, los adultos han abandonado los sueños que les pertenecían y han acabado cediendo a su miedos sin apenas notarlo. Han olvidado las fórmulas mágicas para acceder y vivir en la belleza de la vida. Lamentablemente los contenidos espirituales de la vida, los valores morales que atañen a los aspectos sagrados de la existencia, no aquellos relativos y temporales de los distintos estamentos sociales y religiosos, han sido separados de la cotidianeidad del ser humano, separando el espíritu de la materia, separando la vida interior de la exterior. La adolescencia es el terreno intermedio del recorrido evolutivo de cada vida en la que nos reencarnamos para retomar nuestro destino personal. Es un terreno que oscila entre mito y realidad, entre los grandes ideales y el mundo que los niega. El alma intenta amoldarse en la realidad que encuentra, no sin esfuerzo, y busca un espacio propio de comprensión y aceptación. Quien entre los adultos haya olvidado haber tenido un sueño especial que anidaba en el corazón de su alma, o quien haya perdido la fe en su realización, quizás también teme de manera inconsciente la potente energía que emana de la adolescencia porque es precisamente esa energía la que conduce a la realización y probablemente ante el propio fracaso. Quien tiene la fuerza y el coraje de creer en su sueño y lo lleva dentro suyo demuestra al mundo la ilusión que ha creado.

La fuerza de la rebelión de la adolescencia a menudo destruye los esquemas. Lamentablemente, la mayoría de las veces no es comprendida ni aceptada ni escuchada y por ello mismo tampoco está guiada ni canalizada.

Los cuentos, las leyendas y las numerosas sagas de fantasía que muchos autores y autoras han traído a este mundo y que nutre a muchos niños y adolescentes han permitido que el poder creativo de la imaginación continúe existiendo. Sin esas semillas, símbolos de la virtud espiritual, el caleidoscópico sueño del alma no podría reconocerse en esta dimensión. A medida que nosotros mismos vamos tomando la forma que responde a las órdenes de nuestro corazón, aquellas virtudes vuelven a llenarse de vida, dan sentido a nuestros días, a nuestras elecciones y a nuestros retos mientras intentamos entender quiénes somos y por qué estamos aquí. La tarea de comprensión que realizamos para nosotros mismos es como la de las futuras mariposas que antes de nacer, y dar lugar al esplendor de su forma final, han de pasar por todas las fases de la transformación envueltas en su capullo. Quien tiene la esperanza y el sentimiento de poder recibir la inspiración incluso de un pequeño rayo de luz para alimentar y nutrir el sueño que le pertenece, sabrá convertirlo en realidad. Sabrá, asimismo, convertirse en una espléndida mariposa.

Todos nosotros hemos nacido de un sueño, un sueño divino por lo sagrado que se reproduce y se crea continuamente a través de nosotros en innumerables maravillas. Si tan sólo le damos una pequeña posibilidad, un poco de agua, conseguiremos que comience a germinar y crecer hasta convertirse en un árbol fuerte y frondoso para reforestar y proteger las áridas regiones de la Tierra. Podemos comenzar ahora mismo, precisamente en este instante en el que nos encontramos ahora. No perdamos el tiempo. A nuestra disposición siempre tenemos la fuerza extraordinaria que surge de nuestros corazones y nos ayuda, la valentía, el coraje, se trata de las fuerzas que, a pesar del miedo, se ponen en marcha para conjurar el miedo que la mente nos sugiere.

Muchas veces he dado con el reflejo de mis propios temores en el miedo de los demás. En muchas ocasiones, la valentía ha sido menor cuando el potencial de la labor interna que se me requería para poder superar esos temores se me hacía incomprensible y demasiado amplia. En muchas ocasiones y precisamente durante el período difícil de la adolescencia cedí, intentando adaptarme al mundo para evitar ser diferente y poder ser normal. Entonces me enfrentaba a mí misma y a mi naturaleza, intentando sepultarla desesperadamente allí donde nadie pudiese rescatarla. Todo con tal de ser normal. ¿Pero era realmente diferente o sólo tenía una forma distinta de acercarme a la realidad? Todos nosotros los soñadores somos vistos como diferentes, ¿no es así? La ilusión que el mundo ha creado sobre el factor de la normalidad y la diferencia, simplificando todo en una única realidad admisible, ha forjado esquemas tan rígidos que no queda ni una rendija por la que se puedan colar cuanto pueda resultar mínimamente distinto. Este hecho se puede observar a lo largo de toda la historia humana y resulta válido para todo tipo de diversidad. Lo diferente inspira temor porque abre brechas en la esfera de alabastro de la mente y la obliga a considerar otras posibilidades que muy a menudo anulan ideas, conceptos y hábitos. Estos otros caminos y visiones aseguran la libertad del infinito. Así, ha generado el hombre el concepto de normalidad adaptándolo, muy convenientemente, a sus necesidades y deseos.

Durante tiempo busqué de varias maneras hacerme normal, igual que cuando somos niños queremos tener fiebre para librarnos de un día de escuela. Sin embargo, creo que tengo demasiados anticuerpos. Soy lo que soy, sin los excesos de las extravagancias con las cuales no me identifico y con los ángulos que aún necesitan moverse.

En este mundo que ahora pretende globalizar la conciencia de los seres humanos, procurando detener e impedir que florezca de manera libre y madura, viven muchas personas que, no obstante, caminan sobre la ruta marcada por la luz de su alma. Y deseo que esta luz se haga cada vez más fuerte y visible, para que pueda desplegarse una nueva y más rica realidad, coloreada por sueños realizados que nos impulsan a que nos veamos como protagonistas de la vida y no ya gregarios del miedo. Esta luz nos une haciéndonos alcanzar una semejanza divina que nos hace hermanos y hermanas de una resplandeciente familia.

La visión de un nuevo mundo

Nacemos en este mundo con un destino, es decir, con el proyecto de nuestra vida. No se trata del destino ineludible al cual se nos ha empujado siempre a creer. Pienso en el destino más bien como una línea que guía y en la cual se abren miles de posibilidades de elección que pueden manifestar y concretar todo aquello por lo cual hemos regresado y nos hemos reencarnado. Ciertamente, no resulta fácil comprender nuestro objetivo porque desde niños se nos empuja a responder a las expectativas de los demás: las de nuestros padres, después las de la escuela, luego en el mundo del trabajo y a los esquemas religiosos y sociales de nuestra cultura. Nuestra búsqueda vital y nuestro reto consisten en aprender a ser nosotros mismos, no aquello que el mundo quisiera que fuésemos. Nuestro destino personal nos conducirá a nuestro camino, a veces mediante circunstancias que desafían nuestras intenciones para nuestro futuro, pero se nos ofrece siempre la posibilidad de un profundo cambio interior. Se trata ni más ni menos que de nuestro proyecto de vida que nos da forma y nos plasma y, en el momento en el que lo reconocemos y le permitimos obrar, entonces nos damos cuenta de que es eso lo que nos guía y da sentido a nuestros deseos, nuestras necesidades, nuestros pensamientos y cada uno de nuestros pasos hacia la realización del amplio conocimiento de nosotros mismos, hacia la armonía del corazón y la mente, del pensamiento y del sentimiento, sin que ninguno de ellos prevalezca sobre el otro. El sueño, la visión interior de la felicidad, es nuestro destino personal y colectivo. Nuestra naturaleza real, libre y creativa, que se construye con la materia sutil del amor. Se trata de aquel amor que no podemos describir con palabras humanas, pero que en el fondo de nosotros mismos conocemos tan bien y que en más de una ocasión hemos saboreado en ciertos momentos especiales de nuestras vidas, cuando el gran alquimista que es el corazón ha combinado en su cáliz mágico todos los elementos para que este néctar milagroso se produzca.

Las estrellas llenan la noche de gran belleza, el delicado brillo de su luz tenue transporta nuestra mirada hacia la inmensidad, luminosa como la esperanza. Algo superior toma posesión de nuestros corazones, y les hace entrega del misterio inefable que va más allá de nuestra comprensión. Algo más allá de nosotros, algo superior, nos dice que no estamos solos y que no nos encontramos prisioneros dentro de la única realidad que aparece frente a nuestros ojos. Entonces, parece que las estrellas nos hacen guiños y se convierten en la mirada amigable de los ángeles que nos guían con sus rayos de luz y nos impulsan a recorrer la ruta que va más allá de las simples apariencias.

Dado que juzgamos lo que es real según como nos parece, generalmente estamos poco dispuestos a admitir que nuestra visión habitual nos muestra solamente una verdad parcial, sujeta a las limitaciones de nuestras percepciones sensoriales, de nuestra elasticidad mental y de nuestro conocimiento. Si observamos con los ojos del corazón, entonces sí el brillo de una estrella puede marcarnos un camino celeste que nos invita a viajar en el universo, indicándonos cómo buscar aquello que nuestro corazón anhela. De lo contrario, sólo veremos una radiación de un cuerpo gaseoso incandescente y nos quedaremos con una ilusión óptica.

Cuántas noches de verano, cuando era pequeña, he pasado en el campo y abrazada por el cielo salpicado de estrellas, mientras mis padres dormían tranquilos y yo podía zambullirme en el aquel océano de luces hasta sentirme abrumada por su encanto o mientras intentaba reconocer las figuras que dibujaban las estrellas para armar constelaciones después de descubrirlas en un mapa estelar entre los libros de mi padre. Adoraba aquellas noches silenciosas y solitarias en las cuales podía ser simplemente quien era, así sin más, sin las aprobaciones o las prohibiciones de los demás y que se erigían como el salvoconducto de lo que debía ser y lo que no debía ser. Entonces me sentía llena y completa.

Fue en una de aquellas noches que me prometí a mí misma que seguiría buscando y explorando el misterio maravilloso que intuía que realmente existía y del cual, por aquel entonces de manera inexplicable, me sentía formar parte. Seguramente no habría llegado a aquel momento si alguien me hubiera obligado a creer en la realidad pura y dura que suele identificarse como única opción. Aquella noche era libre para hacer una promesa y entregarme a transformarme en una exploradora del misterio de la vida entre las estrellas. Pero no llegué a ser ni una astronauta ni una científica, mi índole marcadamente artística me guiaba hacia mi destino. Y así llegué a ser una soñadora, buscando las respuestas a mis preguntas interiores.

El misterio de la vida me rodeaba por todas partes. Notaba su susurrar en la armonía que reinaba a mi alrededor escondida en las miradas de las personas que amaba, en el calor de sus abrazos, en la profunda calma de los amaneceres y los atardeceres. Podía llegar a intuir los secretos que me serían desvelados cuando estuviera preparada, poco a poco, a medida que aprendiera a alcanzar la belleza del universo. Cuando aún era pequeña y tal como suele suceder en una edad temprana, no me daba cuenta del miedo, sólo sentía alegría y me maravillaba a medida que iba al encuentro de las experiencias en mi nueva vida. Seguramente esto ayudó a que mis primeros pasos fueran fáciles, mientras mis puertas psíquicas aún abiertas mantenían en contacto mi alma con el mundo invisible. Vivía aquel condicionamiento con la naturaleza infantil propia de la edad, vivía en una estado de total confianza en los demás. Creo que nuestra alma regresa cada vez con su inocencia original, olvida los esquemas de comportamiento que más adelante asimilará de esta realidad. Y, como lógica consecuencia, esta natural propensión a sentir las cosas a través del filtro del alma originó en mí los primeros problemas y los primeros dolores.

La realidad que vivía no era compartida por todos. Por ejemplo, en la escuela a veces se burlaban o le restaban valor, mis compañeros de la escuela y juegos a veces me trataban como si fuera una rareza digna de la fantasía y, por lo tanto, sin ninguna importancia. Con los adultos era peor, para ellos yo era preocupante a causa de mis rarezas.

Naturalmente, al sentirme rechazada y excluida, se me volvían confusos los referentes a los que podría vincularme a este mundo para poder vivir en él. Sentía un profundo sufrimiento al que no podía dar un nombre preciso. Sólo era capaz de sentir que no era aceptada mientras necesitaba serlo. Así fui aprendiendo a no revelar lo que percibía y vivía en mi mundo interior. Casi sin darme cuenta me fui acercando pasito a pasito a la naturaleza. Allí era aceptada y acogida sin ser juzgada, sin sentir la presión sobre lo que debía y no debía hacer y sin la obligación de ser diferente de lo que en realidad era. Entonces sentía que podía respirar siguiendo el ritmo de mi propio aliento. Reconozco que en algunas ocasiones mi sensibilidad podía, en efecto, parecer excesiva. Recuerdo en concreto una vez que estaba en el campo con mi tío y mi prima, su hija. Corría alegre por el prado y de repente me di cuenta de que me había perdido, que estaba en una tierra recién sembrada y me asusté. Me aterraba la idea de hacer daño a las plantitas que estaban empezando a nacer, no quería aplastarlas. Además, pensaba en el hombre que se había tomado el trabajo de plantar todo aquel terreno, yo le estaba arruinando lo que había hecho con tanto esfuerzo. Entonces me quedé bloqueada, literalmente congelada en medio del campo. No tenía ni idea de qué podía hacer. Mi tío se acercó riendo a rescatarme, él sabía por dónde pisar sin hacer daño a las plantas apenas germinadas. Seguramente le parecí una niña muy torpe. No me atreví a contarle a mi tío que había sentido miedo de matar a aquellas pequeñas plantas que estaban naciendo. En muchas otras circunstancias esa misma capacidad de sensibilidad me dejó completamente bloqueada. En más de un momento de mi vida me sucedía que no tenía la fuerza para decir lo que sentía y el parecer general de las personas que me conocían les llevó a catalogarme como una niña muy tímida. A mí casi me convencieron de que lo era.

Ahora sé y soy consciente de que muchos niños viven en tal estado de gracia. Es algo muy natural para el alma vivir entre dos mundos cuando regresa a un nuevo cuerpo. Luego, poco a poco, la forma atractiva de este mundo impulsa al alma a concentrarse cada vez más en la materia densa de esta realidad mientras que el recuerdo de la otra dimensión más etérea y libre se va desvaneciendo. Muchas veces esa transición ocurre por completo durante los primeros meses de vida, otras veces no es así. Con todo, este olvido normalmente es necesario para que el alma pueda centrarse y entregarse el programa de vida que la espera.

La naturaleza se convirtió en mi libro de cabecera por antonomasia. Mi índole sensitiva unida a mi innata tendencia a la búsqueda me invitaban a contemplar su armonía. Podía quedarme mucho tiempo inmóvil simplemente observando cómo se mecían las copas de los árboles con el viento interpretando una danza única. O me quedaba completamente extasiada contemplando el trajín del minúsculo mundo de los insectos en el bosque enredados entre hilos de hierbas. Sentía embelesada el perfume que emanaba de la tierra y el musgo. Así nutría mis sentidos más sutiles. Me dejaba transportar por el murmullo del agua de los ríos, por las islas de oro de las nubes en el mar de un cielo rojizo al amanecer, por el canto de los pájaros. Cada fenómeno, cada aspecto del reino de la naturaleza me atraía como un encantamiento, me entusiasmaba y al mismo tiempo me resultaba tan familiar... La naturaleza penetraba en mi interior, mi percepción anotaba la extraordinaria belleza de su alma. Yo intuía la profundidad, la sabiduría, el amor y la naturaleza me nutría hasta alcanzar las partes más escondidas y más olvidadas de mí misma. Sentía que todo cuanto observaba estaba vivo y animado desde el mismo misterio de la vida que yo notaba por todas partes y sabía que era precisamente por esta razón que la naturaleza y yo podíamos comunicarnos. A medida que el contacto entre nosotras se volvía más intenso y fluido, intuía en mi corazón que era el mismo aliento vital que inspiraba y espiraba, en todo cuanto existía, tanto en mí como en la hierba, en el riachuelo y en el agua, o el vapor de las nubes, en los animales, en las plantas y en los minerales, en las piedras, incluso en las estrellas, tanto en el mundo visible como en el invisible, en todo el universo. He aprendido cómo llamar a este aliento. La llamo Dios. Está siempre frente a mí, por todas partes, vaya donde vaya, increíblemente presente, es un aliento real, vivo, alegre, infinito, pacífico y armónico, que me complementa. Desde siempre me acompaña, desde que era pequeña hasta el momento presente, con la fuerza de una verdad indiscutible, con un amor que me cobija y que ni por aquellos tiempos ni ahora logro definir o describir con palabras o imágenes. Aquel que había encontrado en mi conciencia no se trataba del Dios de la Biblia. Yo había recibido con una intensidad especial el sentido de la fuerza de la vida y eso me había dado la certeza no solamente de su existencia sino de que Dios es la vida en todas sus manifestaciones, tanto interiores como exteriores, tanto visibles como invisibles. Sentía y percibía que su amor no daba cabida a la dualidad, que no podía ser tan discriminador como el Dios de las religiones. Esta importante revelación fue mi primer paso hacia la búsqueda consciente y consabida de mí misma. A partir de aquel momento ya podía comenzar a aprender. Ese tipo de visión suele reconocerse y denominarse como panteísmo. Dentro de este sistema de valores yo me rebelaba ante la idea de que Dios hubiera simplemente soplado el alma en el interior de los humanos única y exclusivamente. Muchas descripciones bíblicas me parecían oscuras leyendas que narraban acontecimientos de tiempos remotos, casi al límite de lo que se puede entender, no muy aptos para ser fácilmente interpretados y desde luego no dignos de ser tomados al pie de la letra, lo cual era unos de los dictados dogmáticos por excelencia. ¿Y cómo podía abrazar la idea que me fue propuesta durante los cursos de catecismo de un Dios longevo y barbudo, por consiguiente con cuerpo humano, ubicado en un lugar impreciso de los cielos y solamente alcanzable si nos encontramos en un estado de total ausencia de pecados después de la muerte? Para mí su presencia estaba en todo y cada una de las cosas tanto como dentro de mí, una presencia sin forma que contenía todas las formas. ¿Pero cómo expresarlo a aquella monja que quería que nos aprendiéramos las plegarias, los rezos, las fórmulas y los preceptos de memoria que de todas formas me negaba a aprender? Dios tenía todos los nombres y ninguno. Además, se encontraba más allá de todas las limitaciones en las cuales las religiones lo habían congelado. Esta verdad revelada me sostenía y me guiaba en el difícil y sacrificado camino que estaba llevando a cabo. Mi madre jugó un papel muy importante en mi despertar espiritual. Recuerdo aún cuando me dijo que yo había encontrado a Dios con muchos nombres que le habían sido dados por diferentes religiones del mundo, pero que Él era el único Dios para todo el mundo. Esta idea, con la cual he ido creciendo a lo largo de mi vida, me ha liberado de los preconceptos dogmáticos y me ha otorgado la posibilidad de crecer y descubrir los puntos comunes de los aspectos más bellos y significativos de las diversas religiones. Años después, durante un momento difícil de mi adolescencia, pasé por un período en el cual me sentía oprimida por la superficialidad y la negligencia del mundo, entonces tuve una visión maravillosa. Vi a seres humanos vestidos de manera simple y esencial, luciendo túnicas de colores y viviendo en una serena comunión entre sus iguales. Se reunían en grupos para charlar dentro de una atmósfera de paz y armonía. El escenario era una luminosa y exuberante naturaleza. El sol inundaba de azul perla cada elemento del cielo con una suave luz. En un determinado momento, oí claramente risas infantiles que se reflejaban en ecos de una alegría sin fin. La vibración del aire era más densa de lo habitual y parecía estar dotada de una luz propia y, a la vez, difusa a través de un impalpable velo dorado.

Nada, absolutamente nada parecía poder intervenir ni turbar la límpida quietud de aquella vida.

Supe en aquel mismo instante que estaba en presencia de un momento del futuro de la vida sobre la tierra. La certeza de que eso iba a ocurrir fue fulgurante sin dejar ningún resquicio para que se pudiera contrarrestar con cualquier tipo de conjeturas. Aún hoy recuerdo la intensa emoción del momento. Aquella visión, aquel fragmento de una realidad o de una probable realidad que yo había podido visitar, fue mi salvación en aquellos momentos dadas las circunstancias que estaba viviendo y desde entonces me ha mantenido segura, sosteniéndome, en los momentos más oscuros de mi vida, dándome la fuerza para seguir adelante aun cuando todo cuanto me circundaba me hiciera desear lo contrario. Desconozco en realidad cuánto tiempo en el futuro me haya sido concedido ver, pero la felicidad que entonces me llenó por completo a través de esa ventana abierta en el tiempo se ha convertido para mí en una referencia constante, me acompaña un sentimiento que no duda sobre lo ocurrido y lo visto, y que me ha impulsado y me impulsa a poner de mi parte para que esa visión se haga realidad. Desde entonces el esfuerzo por aprender a conocerme se volvió una realidad ya presente entre los posibles futuros de la humanidad. No ha sido hasta momentos recientes que he comenzado a contar esta experiencia. Antes callaba pero todo cambió cuando reconocidas voces con la autoridad suficiente, tanto de mediums como de científicos, comenzaron a hablar sobre condiciones para el futuro de la humanidad similares a las de mi visión. Es obvio que hasta que todo eso suceda y con tal de que pueda ser así es necesario comenzar a trabajar en el presente y es precisamente por ello que cada uno de nosotros necesita cumplir con la parte que le toca, dando los primeros pasos hacia la transformación para comprender y ver la realidad personal. Tanto si creemos y sentimos que hay algo de verdad en esa posibilidad de transformación global como si estamos dispuestos a abrirnos para creer que puede ser probable, lo primero que tenemos que hacer es recrear dentro de nosotros aquella visión de paz y armonía y vivir el efecto que produce en nuestro interior. No llegará desde fuera, se trata de una visión interna, nosotros somos los agentes creadores y transformadores de nuestra realidad. Si no fuera de esta manera, el futuro se quedará sólo en proyecto, magnífico pero utópico.

Creo que las bases y los pilares de nuestra búsqueda interior se sustentan en reconocer que ante todo debemos encarnar dentro de nosotros mismos y en primera persona todos esos valores de paz, armonía, alegría, amor y tolerancia que tanto deseamos anotar y sentir en los demás y comprobar en la actuación del mundo entero. Cuando nos preguntamos cuál es nuestro sueño más grande y lo encontramos, comprendemos que nuestro destino está guardado en él. Nuestro destino consiste ni más ni menos en hacerlo posible en esta dimensión. Cuando vamos a su encuentro le damos vida y así lo realizamos a través de nuestra actuación. Es un ideal que sin lugar a dudas vale la pena que intentemos llevarlo a cabo.

«... Y cada uno de vosotros en cierto modo está construyendo una especie de templo. Siempre hay lucha. A veces perdemos el coraje. A veces se vuelve muy frustrante. Algunos de nosotros intentamos crear un templo de paz. Hacemos declaraciones contra la guerra, protestamos, pero es como si quisiéramos abatir un muro de cemento con la cabeza. Parece que no sirva de nada. Y muchas veces, mientras se busca construir el templo de la paz, nos quedamos solos, desanimados, nos sentimos perdidos. Y bien, así es la vida. Lo que me hace feliz es que con el pasar del tiempo y desde esa perspectiva consigo oír una voz que grita: "Quizás no será para hoy, tal vez no sea tampoco para mañana, pero es bueno que esté en tu corazón. Es bueno que lo intentes. Puede que no llegues a verlo con tus ojos... pero es, de todas formas, bueno que tengas un deseo que realizar. Es bueno que esté en tu corazón"».

Matin Luther King

La llave del pasado

El impulso del entusiasmo genuino que caracteriza a la edad de la adolescencia a menudo agota sus energías cuando choca con los obstáculos que se le presentan dejándonos en un estado de confusión, tristeza y depresión. Durante esta época de la vida se vive una suerte de alienación frente al mundo que se confunde, a veces con razón, con insensibilidad e incomprensión. Pero hay que tener en cuenta que también está presente una importante incapacidad para expresarse con madurez y sabiduría, características que aún se están desarrollando.

Yo misma viví por aquellos tiempos el entusiasmo tanto como las crisis y el espíritu atormentado además de los típicos mecanismos de defensa, la emoción a flor de piel, la desesperación junto a los destellos de comprensión o la sensación de estar perdida en una nebulosa. Aun en estado de confusión, con ello y a pesar de ello, era perfectamente consciente de que no podía seguir adelante sola. Pero no encontraba ayuda fuera. Así que se lo pedía a aquel aliento vital. Y cada vez que le pedía ayuda, aparecía alguien adecuado o una señal como un sueño o una palabra de alguien o un determinado libro que parecían venir a mi encuentro en el momento exacto. Pero la gran mayoría de las veces, muchas sin lugar a dudas, las respuestas a mis plegarias venían a través de la naturaleza. En ella parecía que aquel aliento fluía más libremente, sin obstáculos. Lo que hacía falta que comprendiera se presentaba ante mis ojos que se posaban allí donde se me estaba dando la respuesta. La naturaleza me lo mostraba en uno de sus miles juegos mágicos. La naturaleza se comunica con nosotros a través de los símbolos. Pueden ser animales que aparecen de manera imprevista, nubes, vientos, cantos de pájaros, también puede ser a través de visiones y de muchas otras maneras. Había algo en mí sobre lo que no era del mundo consciente y que me ayuda a traducir aquellos mensajes simbólicos que, como parábolas, aquel aliento me mostraba a través de la naturaleza, su naturaleza, hasta que yo pudiera entenderlos por completo. El destino no dejaba de hilvanar otro punto a la trama que estaba tejiendo para mí. Mi amor por cada aspecto de la naturaleza no hacía más que crecer y crecer simultáneamente al respeto profundo por cada criatura y cada una de sus manifestaciones. Mientras, la sensación de familiaridad me abrazaba con un sentido de pertenencia a algo mayor que me protegía y que me hacía sentirme amada. Disfruté de muchos y largos momentos de intensa comunión con su alma, maravillosos momentos de unidad; momentos de sentirme fusionada con el todo y la naturaleza mientras en mi corazón se revelaban su belleza y el perfecto ritmo de su armonía. Momentos únicos e irrepetibles en los que me mantenía perfectamente consciente del aliento que respiraba en mí al mismo tiempo que en cada árbol, montaña, río, animal o hierba, en cada nube o en las lejanas estrellas, en toda la madre tierra sobre la cual mi cuerpo físico estaba sentado y absorto.

No me considero un ser privilegiado, ni he recibido un tratamiento especial por quién sabe qué méritos, pero sí soy un alma que ha elegido un lado del mundo más íntimo. Lo mundano con sus luminarias no me llama la atención y no me atrae mucho, en todo caso a veces puede resultar necesario que entre un poco en ese mundo. Con todo, soy de la firme opinión de que es necesario seguir la vía que el corazón nos induce a recorrer. Así es para todos aquellos que eligen según el propio sentir y las actitudes que le son propias. Creo que seguir por ambos caminos no es viable ni conciliable de la misma manera que no puede estar oscuro donde hay luz ni puede haber silencio donde hay ruido. Por lo tanto, cada uno se sintoniza con aquello con lo que siente más afín a la propia naturaleza o hacia aquello que se consideran las propias necesidades, mientras la vida presenta sus generosas oportunidades y en cada encrucijada, numerosos atajos del recorrido.

En la realidad del mundo que he elegido para descubrir y vivir, mis cinco sentidos son cinco puertas abiertas hacia el templo interior del espíritu divino que habita dentro de cada uno de nosotros. Se trata de medios de percepción hacia los sentidos del alma, mucho más sutiles, que nos permiten producir la sinapsis de la intuición. De esta manera nos abrimos al conocimiento que se revela no ya ante la mente ordinaria en una acumulación de datos, pero que poco a poco se va despertando a las facultades de la mente superior que le pertenecen. La mente, en efecto, está en estrecha sintonía con la capacidad de sentir del corazón, es así, cómo conocemos completamente y podemos reconocer y distinguir una verdad de una ilusión. En el estrecho abrazo entre la mente y el corazón, la conciencia crece y alcanza la sabiduría poco a poco, además del amor universal e incondicional. Éste es nuestro camino: hacer que ese amor crezca o al menos abrirle la puerta de la jaula donde lo hemos hecho prisionero para darle la libertad de ser. Es precisamente en ese amor donde se comprende a los demás tanto como a nosotros mismos, sin que quede lugar para el egoísmo o los miedos escondidos ya que ese amor llena todos los vacíos. El miedo no es ni más ni menos que un vacío de amor, un espacio en el que aún no le hemos hecho sitio al amor.

Nadie puede vivir completamente solo. Necesitamos compartir y relacionarnos con los demás. A través del contacto con los demás podemos reconocernos y asimilar nuestros defectos tanto como encontrar y desarrollar nuestras cualidades internas. Así recibimos y sentimos el amor que nos resulta indispensable para poder vivir. Nadie puede permanecer vivo sin amor, nuestra alma entonces se enferma, se embrutece y se aleja poco a poco del cuerpo. ¿Cuántas de nuestras enfermedades físicas en realidad se producen como consecuencia de falta de amor? Las guerras, la sed de poder, la violencia, la indiferencia, las posesiones no son más que las compulsivas reacciones provocadas por miedos causados a su vez por la falta de amor. Fuerzas compulsivas. Personalmente, estoy muy convencida de que es así. Muchos grandes hombres y muchas grandes mujeres de diversas partes del mundo que han recorrido el mismo camino que nosotros, que lo han vivido, sufrido y comprendido, nos han dejado las llaves para acceder a nuestro presente desde su pasado junto con las claves para llegar al amor que tan desesperadamente necesitamos. Las culturas más antiguas nos han permitido heredar una gran sabiduría que nos consiente encontrar justo aquello que buscamos con tesón. Al fin y al cabo, estas llaves, claves, métodos y ritos que nos han legado son solamente el pretexto para hacernos entrega de una verdad increíblemente simple y sencilla, tanto que la hemos perdido de vista. A lo mejor, justo porque está tan cerca de nosotros, se nos escapa de nuestro campo de visión cuando nos centramos normalmente en buscar lo que nos resulta lejano. Es una verdad tan cercana que la llevamos colgada de nosotros sin darnos cuenta en todos y cada uno de los momentos de nuestra vida, sin saberlo. Tal vez sea todo debido a que nuestro intelecto se haya desacostumbrado a la simplicidad. Sin embargo, todas las grandes almas del pasado nos han transmitido un único y simple principio: el amor que buscamos nace y se origina en nuestro corazón.

Si reconocemos este principio con humildad, podremos colmar los vacíos dejados por el miedo con ese amor generado por nosotros mismos. Nadie más podrá hacerlo si no lo hacemos nosotros. Podremos generar amor porque seremos capaces de reconocerlo dentro de nosotros y podremos recibirlo en la manera y medida en que se nos ofrece sin sentirnos perennemente insatisfechos cuando lo que nos viene dado no se corresponde con nuestras expectativas. Sabremos entonces observarlo en los detalles más pequeños que nos rodean y nos parecerá inmenso porque habremos revelado aquello que es ilimitado dentro de nosotros. Así podremos transformar la realidad de nuestro mundo.

El artista escondido en nuestro interior

Desde muy pequeña tengo una capacidad innata para dibujar y hacer escultura. Este hecho, además de llenarme de felicidad, ha sido una gran suerte para mí. Aunque en realidad lo que me gustaba de verdad era la música. Tenía un buen oído musical, discreto, y cuando me sentaba al piano, uno pequeño para niños, podía reproducir fragmentos de las arias que me gustaban. Pero esta capacidad no fue muy apoyada por mis padres y a lo mejor no era mi talento principal. Con todo, la música desde siempre ha ocupado un lugar importante en mi vida y en mi corazón porque, aunque no pueda probarlo, la he sentido siempre presente en la naturaleza. El viento nunca ha sido para mí solamente viento; ni el correr del agua por los ríos, cascadas o en el mar han sido solamente eso. En los árboles, en las gotas de la lluvia, en las hojas que se caen, en la aparente distancia de las montañas, en todos y cada uno de los elementos de la naturaleza hay canto, música. Y allí donde nuestros sentidos pueden ampliarse en la naturaleza, allí siempre hay música. Cuando pinto es gracias a la música que mi oído interior capta y que yo transformo en formas y colores al escuchar su melodía. Siempre ha sido así desde mis primeros dibujos, a través de la pintura podía transformar lo que percibía y recibía desde las estructuras más etéreas de la naturaleza, aunque en muy contadas ocasiones haya podido plasmar literalmente los sonidos y las imágenes interiores tal como las veía y escuchaba. En más de una ocasión me elogiaban mis trabajos, aunque yo notaba una cierta mirada un poco desconcertada e incluso a veces preocupada por los contenidos que ilustraba. Recuerdo cuando me decían: «Extraños, pero muy fantasiosos».

Si mis rarezas eran toleradas era gracias a las personas que me querían y me resultaban cercanas y que hacían un esfuerzo por comprenderme.

Con los demás era bien diferente. Durante mucho tiempo intenté con todas mis fuerzas convencerme de que el mundo tenía razón y que yo debía apaciguar mi sensibilidad si quería vivir en este mundo sin sentirme separada ni alienada de los demás. Pero mi sensibilidad persistía y se resistía con fuerza a ser contenida. Al menos aprendí a acallarla, buscando siempre la apariencia de la normalidad. La guardaba en mi interior. Mis experiencias, mis vivencias y cuanto sentía se quedaba dentro de mí, tras las barricadas. Sin embargo, me resultaba bastante frustrante, incluso bastante peligroso porque sin darme cuenta me estaba arriesgando a alienarme de verdad del resto del mundo y sobre todo de mí misma. Intentando vivir en mi mitad aceptable por la mayoría, acababa por no vivir ni siquiera en mí, ni fuera de mí, y no era verdadera en ninguna esfera de mi vida. Sin darme cuenta, en aquella búsqueda de aceptación cerraba la puerta al mundo sutil para que pudiera atravesar el umbral del mundo material y visible, y además estaba impidiendo el acceso a la profundidad del alma, allí donde podía conocerme y reconocerme. Obviamente no tenía ni idea de lo que estaba haciendo, simplemente intentaba sobrevivir en un mundo que me resultaba ajeno muy a mi pesar. Pasé por períodos de un gran sufrimiento sin saber qué hacer para encontrar y conciliar con esta realidad la felicidad y profunda alegría que sentía cuando estaba en pleno contacto y sintonía con la realidad más difícil de ver. A veces el alma enferma a causa de este sufrimiento. Era muy joven. Estaba viviendo la edad de las luchas y los conflictos existenciales. Entonces, mi extrema sensibilidad parecía más un obstáculo que una cualidad positiva. Durante bastante tiempo ni tan siquiera toqué un lápiz porque simplemente había perdido el placer y la alegría que sentía a través de la pintura. Lo que me enseñaban en la escuela me resultaba sumamente aburrido y carente de todo interés. Nunca había momento para hablar o discutir sobre temas interesantes entre los estudiantes y los profesores. Todo cuanto nos pedían era que nos tragáramos un montón de datos y teorías. Si fuera realmente posible canalizar de una manera clara y natural la sensibilidad de cada uno, lo cual sí es una gran cualidad, muchas almas de este mundo podrían emerger, salir a la superficie estructurando la propia personalidad de una manera fluida y mucho menos problemática. Lamentablemente, nuestro sistema cultural se basa en el crecimiento intelectual y la enseñanza que recibimos en nuestras escuelas no percibe al ser humano como una unidad de cuerpo y espíritu. Mahatma Gandhi afirmaba en este sentido que «desarrollar el espíritu significa formar un carácter y poner al individuo en condición de aspirar al conocimiento de Dios y a la propia realización; todo esto es esencial en la educación de los jóvenes, la educación cuando no cultiva el espíritu es inútil llegando incluso a ser dañina».

Por desgracia, son pocos los profesores que han desarrollado su carácter en tales términos para poder favorecer el ejercicio del espíritu. Tampoco el sistema les hace entrega del espacio necesario para ello.

En más de una ocasión recibí ayuda y siempre estaré gratamente agradecida por ello. Siempre he recibido la presencia amorosa del mundo invisible con los brazos abiertos y en los momentos que más lo necesitaba, justamente cada vez que estaba a punto de caer, cada vez que todo me resultaba demasiado insostenible. Cuando volví al dibujo, empecé a incluir en mis trabajos algunas de las imágenes de mis momentos más tormentosos y más llenos de sufrimiento estrechamente asociados a la sensación de no saber cómo encontrar la manera de vivir de forma más espontánea a la vez que desarrollaba mi espiritualidad. No se trataba de nada premeditado ni consciente, simplemente fue surgiendo de manera natural sin que apenas me diera cuenta.

A veces pintaba telas de verdad inquietantes. Me desembarazaba de aquella oscuridad interior a la vez que dirigía la mirada hacia mi miedo de enfrentar el mundo. No era consciente de que en cierta manera me estaba tratando a mí misma, haciendo una especie de terapia. Era una medicina excelente. Fue mi salvación. Más adelante descubrí que se trataba de terapia a través del arte. La experiencia y el tiempo me ayudaron a elaborar mi propio método.

Diversas cuestiones se fueron manifestando. Volví a encontrar un equilibrio. No me encerraba en mí misma y ya no retenía para mí la riqueza de la información que me llegaba desde espacios invisibles. Al mostrarme más abierta, todo fluía. Comenzaba a recibir las intuiciones que iluminaban mi búsqueda interior, mis cuestionamientos y mis dudas. También me salvó el hecho de que se considere a los artistas como gente diferente y rara y que esta visión esté cargada de tolerancia hacia ese grupo. Las excentricidades de los artistas son bien aceptadas, desatan la curiosidad de la gente y a veces incluso llegan a gustar, marcar moda y tendencias. Todo esto también me salvó.

El dibujo, la pintura y la escritura se transformaron en los vehículos de mi expresión. ¿Cómo podría describir la sensación de intimidad y de alegría que surgen de la inmersión artística? Un artista mira al mundo a través de sus emociones, de su sentir. Sólo así puede descubrir la armonía de cuanto le rodea, puede contemplar la belleza que los demás no alcanzan a ver o comprueba el amor y la ternura que permanecen tantas veces ocultos. Las formas, las luces, los colores, el movimiento, los sonidos, las palabras, todo se vuelve armonía y movimiento, la danza del alma que encuentra su espíritu, que baila en la extraordinaria belleza de la creación y que se realiza mediante la misma creación universal. Es precisamente así como el Sublime Artista entrega su aliento en la oscuridad de la materia para que se haga la luz. Un artista es la persona que se esfuerza constantemente por llevar esa luz en cada una de sus acciones, en todos sus pensamientos, en cada gesto, en su mirada y en su sonrisa. Y es precisamente por todo ello por lo que me consta y sé que todos los seres humanos son potencialmente artistas, porque en cada uno de nosotros está encerrado el poder expresivo de la esencia divina que respira en el centro de su corazón. Liberar al artista que vive en nuestro interior nos permite acercarnos a los aspectos opuestos que parecen separar constantemente cada uno de nuestros aspectos internos dando lugar a que surjan profundos conflictos. Los caminos del juego de luces y sombras, de densidad y ligereza que solemos reconocer como dualidad comienzan a unirse cuando empezamos a tomar contacto con nuestro potencial expresivo, retomando la confianza en nuestra naturaleza creativa, en nuestros sentimientos, en nuestras percepciones y en nuestras intuiciones. Consentir que esa fuerza que ha permanecido encerrada dentro de nosotros encuentre su camino de liberación implica ponernos en contacto con nosotros mismos a la vez que aprender a ser amigos y establecer una relación de amor con nosotros mismos a la vez que favorecemos el encuentro con el espíritu divino y con el ser único, con el Uno, allí donde no hay dualidad ni separaciones. Así aprenderemos a ver como si se tratara de una Unidad el mundo al que hemos venido a vivir desde su rica multiplicidad. Todo es un bien común. Podemos ser poetas, científicos, empleados, funcionarios, artesanos, comerciantes, empresarios, profesores, estudiantes, albañiles, cocineros, camareros, amas de casa y tantos otros miles de cosas y podemos a la vez expresarnos a través de la belleza de nuestro pensamiento creativo. Este don nos pertenece a todos y cada uno de nosotros, no se concede a algunos en exclusividad. Lamentablemente, el actual paradigma de la realidad sólo se reconoce en el sufrimiento y es una pena que para alcanzar la libertad del amor nos debamos topar con el obstáculo de esta idea. Compartir el sufrimiento sin abrirnos interiormente hacia su solución simplemente ayuda a que se mantenga esta idea y se fosilice en nuestras mentes. Abrirnos interiormente es nuestra posibilidad de aprender a observar el mundo con otros ojos. Todos disponemos de esta posibilidad, está a nuestro alcance. Esta posibilidad implica pintar la realidad con colores que a lo mejor no hemos utilizado hasta el momento presente en el que nos encontramos y estos colores están aquí mismo, listos para que los tomemos y los usemos con total libertad. Nos ayudan a elegir dejar de creer en quienes obstaculizan nuestro despertar y nos impulsan a atrevernos a elegir nuestro propio pensamiento en detrimento del que nos viene impuesto o sólo después de que lo hayamos analizado y verificado por nosotros mismos. Así se nos facilita la elección de reconsiderar nuestros deseos y nuestras necesidades sin permitir que nos hipnoticen los ilusionistas que llenan este mundo con su impuesta presencia. La felicidad es realmente posible, pero depende de nuestra transformación personal. Se dice que hemos nacido para sufrir... ¿de verdad debemos creerlo? Éste es solamente un punto de vista, aunque es colectivo y al que han contribuido en gran medida los poderes de la Iglesia, de las religiones y de la economía abusando de la simplicidad de los corazones y de la libertad de pensamiento, intentando siempre convencer al ser humano de la necesidad de que existan intermediarios supuestamente válidos para su propia salvación y felicidad que utilizan siempre el miedo como medio de persuasión. Este poder que emplea el miedo es actual, pero somos nosotros quienes le otorgamos fuerza creyendo en nuestros miedos. En el nombre de Dios se ha creado un verdadero infierno en nuestra Tierra y el concepto de pecado ha transformado a la humanidad en culpable por el simple hecho de existir. Así ha sido desde tiempos inmemoriales que ya no recordamos, pero yo diría que ahora ya estamos suficientemente creciditos. ¿O no?

Accedemos a la realidad tal como creemos verla y somos nosotros mismos quienes nos convertimos en aquello que creemos ser. Si estamos convencidos de que la alegría y la paz son un espejismo, no las encontraremos jamás más allá de nuestros deseos. Pero cuando buscamos la manera de compenetrarnos con el significado de cuanto nos rodea y de nosotros mismos podemos preguntarnos en nuestro interior sobre la paz y la alegría que habitan dentro de cada uno de nosotros. Resulta inevitable que necesitamos observarnos y, si somos honestos con nosotros mismos, descubriremos que allí donde faltan la paz y la alegría, hay algo que ocupa su lugar a lo que podemos llamar miedo, dolor, inseguridad, crítica, prejuicios, dudas. Entonces, nuestro deseo será descubrir y dar con la forma para liberarnos de todo eso y hacer lugar para que la paz y la alegría puedan llenarnos.

Cuando buscamos la paz es porque en algún lugar y en algún momento de nuestra vida la hemos experimentado. La alegría ya ha vibrado en las cuerdas de nuestra alma cuando la buscamos incesantemente. No podemos pensar en algo que no hayamos vivido o que no existe. Si no estás de acuerdo, prueba a hacerlo y verás.

Todo cuanto creemos que inventamos, originamos o deseamos siempre alcanza la experiencia, la matriz de la vida y las gotas de agua de su inagotable creatividad. Nosotros mismos somos gotas de ese agua, unidos indisolublemente a ella y compuestos por su sustancia. La paz, la alegría, la inteligencia o el amor son solamente algunos de los atributos de Dios y nos habitan de la misma manera que forman parte de toda la creación y ésta es precisamente la razón por la cual los buscamos. Pero nosotros, cuando volvemos para una nueva experiencia en esta dimensión, nos dejamos absorber por su densidad y no nos acordamos más de nuestra verdadera naturaleza. El deseo de ser felices es lo que resta en nosotros de la época en la que nuestra conciencia se encontraba en unidad con Dios. Pero es justamente ese deseo lo que nos impulsa a probar y buscar, vida tras vida, las condiciones de alegría infinita de la cual nos hemos visto separados. Así es como, poco a poco, volvemos sobre nuestros pasos, acercándonos cada vez más a la verdad. El viaje que emprendemos en nuestra búsqueda es el camino de regreso a nuestra casa, cada uno de nosotros lo sabe en el fondo de su corazón.

Nadie está solo en ese viaje. Apenas se manifiesta el deseo de regresar, los seres de luz vienen a nuestro rescate para ayudarnos. Se afirma que hay un ángel guardián para cada uno de nosotros, para cada criatura viviente. Es un ángel que nos acompaña y nos rescata cuando tropezamos y que está a nuestro lado para facilitarnos el camino.

Todo el cielo se regocija de alegría a cada paso que damos en el camino de nuestro regreso.

La esperanza es ese hilo de luz que nos guía hacia delante más allá de nuestros límites de incertidumbre; es el aliento de oxígeno allí donde y cuando las dudas podrían sofocarnos. Cuando la esperanza se apaga dentro de nosotros, nuestra luz se oscurece y perdemos el sentido mágico de la vida, toda la diáfana comprensión sobre las maravillas y los milagros con los que la vida se manifiesta en cada instante de la existencia. Nacemos de un inefable acto creativo y en cada uno de nosotros habita un poder maravilloso.

Cuando pensamos en algo en lo que creemos y sobre lo que estamos convencidos, a nuestros ojos nos resulta que es un verdad y el modo en que lo vivimos es muy personal. Aun cuando se trata de una verdad objetiva o supuestamente objetiva, cada uno de nosotros la vive según sus propias expectativas y con la conciencia que cada uno tiene de sí mismo en ese momento. Cada persona interpreta lo que le sucede de forma personal según lo que haya vivido y lo adapta a lo que piensa. Si tan sólo nos detenemos a pensar cómo muchas veces una única palabra puede dar lugar a más de una interpretación, podemos darnos cuenta de cómo actuamos en relación a las ideas que parecen ser objetivas.

Si imaginamos una verdad universal nos vemos en la obligación de concebir que en ella se contienen todas las posibles verdades subjetivas. Poco a poco y a medida que nuestra mente se abre y se para a considerar nuevas posibilidades, dentro de nosotros se expande aquella porción de verdad que hemos encontrado y así nos abrimos a visiones más amplias. El problema reside en que a menudo consideramos nuestras ideas y nuestras opiniones en manera absoluta, tomándolas como parte de la base de nuestras creencias. Con frecuencia tendemos a hibernar en tales ideas, en una especie de encantamiento que nos hace permanecer bloqueados hasta que algo sucede y rompe el *statu quo*.

Los cuentos tradicionales son muy ricos en historias de encantamientos. Al igual que en esos cuentos, nuestros encantamientos tampoco son definitivos. En los cuentos de hadas normalmente un personaje maléfico lanza un encantamiento a otro personaje joven, inocente, bueno y puro. También suele anunciarse que llegará el evento de salvación que anulará el sortilegio. No podría ser de otra manera, ya que no se puede dejar de obedecer una ley universal de equilibrio. Aquel personaje maligno no es ni más ni menos que nuestra propia mente que lanza sobre el alma el encantamiento que la hace prisionera y, a la vez, le hace creer que no podrá liberarse o provoca que se vea fea olvidando su propia belleza o la hace dormir por un período largo e indefinido. Y así será hasta que el propio aspecto divino que se había descuidado aparezca en forma de elemento que nos salva, el noble héroe de los cuentos de hadas, gracias a la fuerza de su amor impulsa al alma a despertarse del encantamiento. Nuestra mente se vuelve a veces la bruja mala de los cuentos porque reacciona transformando la idea que se tiene sobre uno mismo, reacciona ante el miedo de descubrir que no somos solamente aquello que se ve en el espejo, es decir, aquello con lo cual identificamos nuestra presencia como el nombre, la profesión, las opiniones, las emociones, todo cuanto rodea el esquema con el cual nos sentimos identificados. La mente no nos deja ver nuestro yo real. Si no lo recordamos, es normal sentir miedo cuando necesitamos adentrarnos en un territorio que se nos aparece como desconocido porque lo negamos y porque creemos que en ese lugar perderemos nuestra identidad. El esquema que comprende todo nuestro archivo informativo es todo cuanto creemos ser y que nos otorga identidad y seguridad, de existir. Y éste es ni más ni menos el encantamiento que sufrimos. Pero la bruja, nuestro convencimiento mental, tarde o temprano será retada por la fuerza de la vida, el espíritu divino que nos habita y que nos redime del recuerdo de nuestro ser. El encantamiento puede prolongarse durante mucho tiempo, por muchas vidas, pero antes o después todos estamos destinados a despertarnos del sueño profundo en el que el alma ha caído.

Sintonizar el corazón

No nos despertamos cada mañana a la misma hora. Sin lugar a dudas, quedarse en la cama puede ser muy placentero... hasta que los sueños que nacen de nuestro anhelo son satisfactorios. Nadie puede despertarnos si no estamos listos, preparados y dispuestos a hacerlo por nosotros mismos. Cuando a veces nuestros sueños se transforman en pesadillas, o cuando en otras ocasiones no se apaga cuanto hemos vivido en un sueño. Cuando nos hemos saciado e incluso cansado somos los primeros en pedir que algo o alguien venga a liberarnos. Ni en el período del letargo estamos solos ni abandonados a nuestra suerte. La vida nos ofrece miles de oportunidades, suenan pequeñas campanillas para invitarnos a reabrir los ojos. Es entre el sueño y la vigilia cuando podemos comprender y asimilar cuanto vivimos. Y siguiendo el ritmo de los sueños y los despertares, sustituimos los viejos esquemas y los amplificamos en las nuevas perspectivas que se van abriendo ante nuestra vista y vamos sumando elementos a nuestra verdadera identidad. Nuestra capacidad para hacernos independientes es lo que yo precisamente denomino libertad. Asimismo libertad es nuestro poder de desligarnos de las ataduras emocionales, tanto como de la necesidad de sentirnos reconocidos, apreciados, queridos, y validados para colmar nuestra autoestima, la cual en la mayoría de las ocasiones juzgamos mucho más severamente de cuanto creemos. La labor que realizamos en el reconocimiento de nuestra valía, nuestras virtudes, nuestros talentos, nuestras inmensa capacidad de amar es precisamente el camino hacia nuestra independencia. Pero cuando nuestra alegría depende de la opinión favorable de los demás y de lo que piensan sobre nosotros, estamos siempre sujetos a la desilusión, el rechazo, el ridículo, el abandono y la indiferencia que puedan demostrarnos los demás. Pero dentro de nosotros, en el fondo de nuestro corazón, habita una presencia constante que no nos abandona jamás. Se trata de un amor infinito que emana de nuestro centro como un sol que irradia luz sobre todo cuanto encuentra y que nos da calor nutriéndonos con una alegría profunda que no se llega a describir fácilmente. Es una presencia que puede asumir la mirada o la sonrisa de nuestro maestro o del ángel que nos tutela y guía. Cuando el corazón se escuda en la presencia del Creador de la misma manera que hace una flor en la mañana, podemos encontrarlo en nosotros.

Si estamos siempre esperando un evento extraordinario que llegue para mejorar nuestras vidas, activamos una fuerte tensión emotiva que nos impide reconocer cuanto hay de extraordinario en nuestro día a día. Todo cuanto nos rodea es extraordinario. Se trata de una vibración que está activa de forma constante y que se encuentra presente en cada instante de cada día que vivimos. Puede suceder muchas veces si estamos sufriendo que nos sintamos incapaces de abrirnos a esa realidad y a esa presencia porque sin que nos demos cuenta esperamos ser salvados por algo que suceda en nuestras vidas, fuera de nosotros, como si esperáramos un milagro que nos quitara el peso de nuestros problemas. Cuando nos encontramos inmersos en el mar de nuestras emociones no conseguimos ver la salida hacia la superficie. Y no es porque no seamos capaces. Nos lo impide nuestro nivel emocional que está soportando una sobrecarga importante y se encuentra turbado. Lo que podemos hacer en tales circunstancias es darnos cuenta, en primer lugar, de esa tensión emotiva que estamos viviendo, ser conscientes de ella y de que nos está bloqueando la lucidez de nuestros pensamientos y que nos aprieta el corazón mordiéndolo de forma dolorosa. Entonces, además, debemos pedir que nos venga la ayuda necesaria para que podamos volver a encontrar la salida de entre esos flujos en los que estamos inmersos y perdidos. Siempre se nos concede la ayuda que necesitamos, como el hilo que ayudó a Teseo a salir del laberinto y no caer en las garras del Minotauro. Basta con pedirlo. El simple hecho de elegir pedir esa ayuda ya presupone que nos estamos fiando y que tenemos fe en una sabiduría superior a la que nosotros tenemos en ese momento. Si así lo hacemos, sólo fiándonos, con la certeza de recibir instantáneamente lo que necesitamos y sin condiciones ni en un mañana hipotético ni si pasa esto o lo otro, entonces no necesitaremos preocuparnos más, ni permaneceremos al lado del reloj ansiosamente.

Nuestro problema principal es el de haber perdido la confianza en el pacto de amor que Dios ha firmado con nosotros. Nos han hecho creer que necesitamos de intermediarios para poder hablarle, pedirle su ayuda, confiarnos o sentirlo en nuestro corazón. No existen sacerdotes más preparados que nosotros, que cualquiera de nosotros desde la intimidad y la sinceridad de nuestro corazón. Somos mucho más amados de cuanto podamos llegar a creer. Y aunque a veces nos lo parezca, nunca hemos sido abandonados por ese amor. Podemos recordar las ocasiones que en nuestra vida hemos recibido la ayuda que nos ha permitido acceder a la comprensión sobre un hecho doloroso o algo que nos afligía, podemos acordarnos de cómo se nos aligeró la carga en tales momentos. Solemos denominar milagro a un hecho que se produce fuera de nosotros y que conlleva un cambio de estado, físico o interno, que acontece en tiempo real y ante nuestros ojos. Una cuestión que recorre de manera implícita las enseñanzas de Jesús y que parece estar en la base de toda recuperación y cura, tanto en sentido espiritual como físico, siempre está vinculada con que podamos trascender nuestras creencias. Cuando Jesús afirmaba que podemos pedir y recibir en modo que nuestra alegría sea completa, permitía entender que hay una manera para que el milagro se pueda producir y hacerse efectivo. Esta afirmación siempre me ha hecho reflexionar mucho porque me llama poderosamente la atención. ¿Qué quería Jesús transmitirnos? ¿Qué nos estaba mostrando? Creo haber comprendido que el milagro, es decir la respuesta que sana, se produce en el momento en el que nos abandonamos a la certeza de que estamos siendo escuchados y sanados en cuerpo y alma. En el momento en el que nos dirigimos hacia la sabiduría que cura sintiéndola con emoción, con seguridad y con audacia, saldamos nuestro pacto divino. En ese instante ya no nos encontramos separados y luchando con nuestras dudas. Entonces volvemos a ser una unidad con el poder creativo que reside en nuestro corazón. Cuando en el Evangelio según santo Tomás, Jesús nos dice que «de dos cosas haremos una unidad y haremos de igual forma tanto internamente como exteriormente», ese es el momento. «Cuando sepan transformar el dos en un [...], si se dice a la montaña que se aleje, ésta se alejará». Y «si uno se encuentra a sí mismo, el cosmos no es nada comparado con nosotros», lo cual nos induce a comprender que dentro de nosotros reside una inmensa fuerza capaz de transformar la realidad tal como normalmente la vemos y la percibimos. El acto de recibir ya está contenido en el acto de pedir, cuando lo descubrimos nuestra felicidad es completa, nuestro interior y el exterior ya están reunidos. Si nos detenemos a observar las imágenes de los santos y de las divinidades orientales, podemos comprobar que sus ojos están cerrados en una actitud mística que se dirige hacia el interior de uno mismo. En cambio, en las imágenes religiosas de la cultura occidental, los santos tienen los ojos abiertos y dirigen la mirada hacia el cielo, como si estuvieran buscando la divinidad en el firmamento. Hemos crecido con este esquema de pensamiento. Pero es de parte del mismo Jesús que surge una enseñanza que es justamente lo opuesto a esta creencia y que se acerca al pensamiento oriental, precisamente cuando nos llama a reunirnos en nuestro corazón porque es en nuestro interior donde encontraremos la divinidad, la sustancia de la cual estamos hechos y de la cual surge el verbo creador. Los antiguos cantos sagrados tanto occidentales como orientales siempre me han inspirado muchísimo, por la intensidad del sentimiento y de la emoción que evocan. Creo que el sentimiento es la facultad del corazón que se produce en nosotros cuando a través de la intención nos hemos acercado interiormente a algo y lo hemos tocado. La intensidad del sentimiento que experimentamos produce ese sentir, que es precisamente aquello que escuchamos dentro de nosotros mientras recibimos. A menudo, la respuesta que nos alcanza es como un susurro que habla a través de nosotros, leve y sutil como el aliento del aire generado por el vuelo de una mariposa. Es tan íntimo llegar al oído de nuestro corazón casi en silencio. ¿Somos capaces de escucharlo? ¿Somos capaces de recibir la calidez como si fuera un abrazo amable? ¿Somos capaces de sentir el consuelo que nos aporta?

Cuando escuchamos necesitamos estar en silencio y presentes en el aquí y el ahora, en el instante que estamos viviendo. Cuando estamos presentes y nos escuchamos, nuestro corazón se abre para recibir la información que necesitamos y que antes no podíamos considerar. Sólo entonces esa información puede alcanzarnos. Y a veces se hacen evidentes nuestros aspectos más luminosos y que en otras circunstancias desconocíamos, como si se tratara de los numerosos de fragmentos de un espejo. Entonces podemos ver con claridad las actitudes negativas que a veces nos ciegan o sobre las cuales no éramos conscientes y que ahora sí podemos acoger con amor y compasión para transformarlas. Nos reflejamos en los demás, pero después necesitamos retirarnos en nuestro interior para dar con el precioso silencio lleno de sabiduría y amor que puede cobijarnos. Otras veces, la respuesta a nuestra petición de ayuda puede llegar a través de las palabras de alguien o puede presentarse en la forma de un símbolo que nosotros mismos podemos interpretar y decodificar, reconociendo en su significado la indicación que se nos está sugiriendo. En la Grecia antigua el símbolo era un pequeño objeto que dividido por la mitad entre dos personas permitía reconocer cuándo tras el paso del tiempo se encontrarían otra vez. En un sentido más sutil, el símbolo puede representar la clave que nos hace falta para reunir los diferentes fragmentos de nuestras emociones confusas para poder disponerlos en una forma o un dibujo claro y ordenado. Si estamos suficientemente abiertos, por ejemplo, podríamos reconocer en el vuelo de un halcón que aparece en el justo momento, una invitación a expandir nuestra visión con respecto al problema que nos asfixia en ese momento dado. El halcón, desde lo alto, tiene una visión mucho más amplia y su agudeza visual le permite incluso ver los detalles, facilitándole identificar aquello que está buscando. A veces basta una coincidencia de este tipo para hacernos cambiar de actitud y poder salir de entre las olas agitadas de las emociones que nos mantienen a punto de ahogarnos y bloqueados. Nuestra actitud sólo puede cambiar si modificamos nuestro punto de vista. La manera con que contemplamos una situación o una cosa puede ampliarse a partir del momento en el que conseguimos ampliar nuestra visión considerando más aspectos. Sin lugar a dudas, de esta forma podremos dar con la solución que antes éramos incapaces de ver. A veces es como si quisiéramos describir un paisaje completo mirando desde un pequeño ángulo de una pequeña ventana. En otras palabras, nosotros podemos, tocando nuestro espíritu, encontrar respuestas creativas y soluciones a nuestras actitudes habituales con las que normalmente y de forma automática e impulsiva reaccionamos a las circunstancias que se nos presentan. Muy a menudo nos identificamos tanto con una cierta opinión sobre nosotros mismos que nos conseguimos ver el potencial creativo de nuestros recursos internos. Y, además, con mucha frecuencia, nos comportamos de manera muy diferente a cómo creemos que lo hacemos o cómo nos gustaría hacerlo. Cuando la mente se cierra entorno a una obstinación inconsciente, nos cerramos incluso a la revelaciones sobre nosotros mismos. Y de esta manera estaríamos manteniendo una actitud de escasa consideración hacia nosotros mismos, incluso muy a nuestro pesar y siempre de manera no consciente, sin apenas darnos cuenta. Si fuéramos aquello que creemos que somos, es decir: si somos la suma de nuestras creencias, podemos cuestionarnos preguntándonos sobre cuánto amor nos hemos dedicado para considerarnos tan poco válidos. Aprender a escuchar y a ver nos permite entrar en contacto con el mundo mientras vivimos en él. Es a partir de esta relación que podemos volvernos hacia nosotros mismos, porque el mundo es nuestro espejo. Tratamos el mundo de la misma manera que nos tratamos a nosotros. En cada relación, incluso aquella que mantenemos con nosotros mismos, nos encontramos dentro de un intercambio que es como una ola que se aleja y regresa, con la misma riqueza y ligereza de la respiración, un acto continuo consistente en inspiraciones y espiraciones, de recibir y dar. Mantener una escasa consideración sobre nosotros mismos es como retener la respiración por la absurda idea de retener aquello que hemos recibido. ¿Por cuánto tiempo conseguimos hacerlo? Este retener es una barrera que colocamos entre nosotros y aquello que nos circunda y que interrumpe nuestra relación recíproca con el mundo. Sin darnos cuenta a menudo estamos a la defensiva y esto acaba por perjudicar el intercambio entre nosotros y los demás. Tenemos miedo de perder aquello que creemos que hemos conquistado, tanto si es una idea como una posición social o un bien material o una relación afectiva. Aquello que con dificultad hemos conseguido hacer que nos pertenezca y que nos da la seguridad que tanto necesitamos para definir nuestro sentido de identidad y que se resume en nuestro permiso para existir como parte integrante de la vida. El miedo de perder todo cuanto tenemos es lo que provoca que temamos perder la identidad que hemos conquistado. A causa de todo esto tenemos la tendencia a agarrarnos con fuerza a todo cuanto creemos que es nuestro. A menudo, nos encontramos dispuestos a todo con tal de no perder nuestras posesiones y no nos damos cuenta de que en realidad son dichas posesiones las que nos poseen a nosotros, prisioneros de nuestro miedo, dependientes de las limitaciones de nuestras actitudes.

El proceso de identificación es necesario porque nos da una dirección a lo largo de nuestro crecimiento. Pero se trata de una proceso dinámico que avanza por grados de conciencia que alcanzamos y que se frena cuando creemos que hemos conseguido cierta estabilidad. Es precisamente así que pasamos de un estado de equilibrio a otro, alternando períodos de color de rosa con otros más grises o incluso negros. Es nuestra alma quien nos exige que avancemos y no podemos engañarla fingiendo que todo va bien. Es nuestra alma la única que conoce el bien mayor.

La oveja perdida

Cada vez que volvemos a una nueva vida en esta Tierra, puede parecernos que debemos comenzar desde cero, desde las primeras letras del abecedario, desde nuestros primeros balbuceos. Pero para el alma no es así ya que conserva en sí la experiencia conquistada durante el curso de las vidas anteriores. En realidad, comenzamos desde cuanto hemos reconocido, elaborado y comprendido a nivel de la conciencia. En cada una de nuestras vidas somos la suma de nuestras experiencias, nuestras conciencia se despierta según el grado de autoconocimiento adquirido. Precisamente, el nivel alcanzado se convierte en la llave para abrir las puertas del futuro. El número de puertas que se abren en una vida depende exclusivamente de las elecciones que realizamos cada vez que respondemos a la cuestión primordial sobre nuestra identidad. En cada una de nuestras vidas asumimos roles, nombres y aspectos físicos diferentes. El lugar de nacimiento, la condición social y la familia son elementos que van cambiando en cada reencarnación. Con todo, hay algo que permanece inmutable y que se puede observar, que va más allá de las innumerables formas de nuestras vidas. Se trata ni más ni menos que del sentido del *yo*. Entre el *yo* del ego y el *yo* divino hay una distancia. El ego vive separado del mundo. El *yo* divino trasciende la separación y se aúna con la unidad. El recorrido entre uno y el otro es lo que nos permite desarrollar nuestra identidad mientras gradualmente nos despojamos de esquemas, dogmas y conceptos. Pero el sentido del *yo* es lo que nos queda cuando imaginamos que todo cuanto nos condiciona y que hace que nos reconozcamos desaparece: el saber intelectual, la profesión, los bienes materiales, los afectos, el cuerpo, el nombre, las férreas convicciones, los miedos. Es precisamente nuestro *yo* lo que estamos continuando vida tras vida. El espíritu es aquello que permanece en nosotros. Siempre lo buscamos para alcanzar el objetivo de reconocernos. Sólo entonces podremos reconquistar la conciencia de la libertad original, más allá de los velos de las ilusiones de los pequeños *yo* que nos han precedido. Continuamente se nos impulsa hacia la libertad de la fuerza del amor que se encuentra en nuestro *yo*. En cada una de las experiencia vitales contamos con la posibilidad de borrar los recuerdos que nos pesan en el alma y liberarnos de los límites que nos retienen para que sigamos libres de nuestras limitaciones, ya sin barreras que nos entorpezcan en el camino del despertar de nuestra conciencia. Reconocernos más allá del miedo de vernos separados de nosotros mismos, de estar solos, de perder nuestra identidad y volver a abrirnos al fluir del amor que vuelve a recorrernos como un torrente límpido, después de haber sido contenido durante mucho tiempo por el dique formado por las piedras y las ramas finamente entrelazadas. Cada vez que al contemplar nuestros miedos logramos verlos por lo que son y reconocemos lo que esconden, los transformamos. Entonces restituimos el amor que nos faltaba y saboreamos el exquisito néctar de la libertad de nuestra verdadera naturaleza. Así cada vez logramos estar más cerca de nuestra verdadera identidad, de nuestra verdadera esencia. Nuestra conciencia abraza un panorama más amplio mientras se expande en su libertad, mientras su vuelo la conduce a alturas superiores. Es de esta manera como aprendemos a conocernos y amarnos a nosotros mismos y es precisamente éste el amor que podemos ofrecer a los demás. Es indudable que cuando aprendemos a ser generosos con nosotros mismos lo somos con los demás. Amamos a los demás en la medida en que nos amamos a nosotros mismos. Si somos rígidos y estamos cerrados a nosotros mismos, también lo seremos hacia los demás. Cuando ponemos en marcha el proceso que transforma nuestros miedos, también estamos enviando hacia los demás las vibraciones de alegría y de paz que vuelven a vivir y a ocupar nuestro interior y, a la vez, estimulamos a quienes nos rodean. Aprendemos a conocernos, nos vemos con nuevos ojos. Nos damos cuenta, de que hemos cambiado de camino. También podemos observar que hemos sido osados.

En la historia de la oveja perdida, ¿por qué el pastor quiere más a esa oveja que se ha perdido hasta el punto de preferirla sobre las demás? ¿Puede ser porque ella ha osado escapar de la monotonía del rebaño? ¿O tal vez porque se ha arriesgado a pesar del miedo de poder perderse? ¿Es por todo eso por lo que Aquel a quien ha sido confiada emprende su búsqueda y al encontrarla la vuelve a tomar en sus brazos? El Maestro, que es la esencia de nuestro yo divino, siempre camina a nuestro lado. Nos ama más a que todas las demás criaturas cuando somos conscientes de su presencia en nosotros, cuando nos atrevemos a ir más allá de los límites impuestos por el rebaño y por nuestros miedos. Entonces somos nosotros quienes caminamos a su lado, permitiendo que nos guíe, dejándonos llevar por su sabiduría, su paz y su amor.

Demasiado a menudo nos convertimos en jueces implacables de nosotros mismos y continuamos castigándonos una y otra vez, sin darnos cuenta la gran mayoría de las veces, y así nos culpamos, metemos el dedo en nuestras carencias y acrecentamos nuestras incapacidades. Pero la vida es amor en acción continua. Lamentablemente, muchas veces no lo vemos así porque somos presas en manos de circunstancias que sólo nos traen sufrimiento. Sin embargo, cada cambio que nos traen es una oportunidad de acoger e ir al encuentro de la sabiduría. Si nos sentimos más seguros al quedarnos entre nuestros pensamientos y las ideas de los demás, será realmente imposible que nos cuestionemos nada. Es necesario preguntarse si cuando nos sentimos mal no es en realidad una señal que nos empuja y nos estimula para que tomemos una postura, para que nos demos cuenta de lo que sentimos, para que seamos más conscientes de nuestra manera de ver las cosas. Tal vez antes de creer o no creer ciegamente en cuanto se nos dice qué es lo mejor, deberíamos detenernos para escucharnos y preguntarnos qué es lo que nos aporta una determinada creencia, qué consecuencias tiene sobre nuestras emociones e intentar verificar su valor antes de entregarnos a creer en ella a pies juntillas con los ojos cerrados. Vivimos en un mundo en el que nuestro sentir, nuestros deseos y nuestras ideas son constantemente manipulados y que hace todo cuanto está a su alcance para que no nos apartemos del rebaño. Es más: nos sirve miedos en bandejas de plata para que continuemos en su juego. Pero nosotros podemos alcanzar el poder que reside en nuestro interior y atrevernos a dar un paso en otra dirección. El poder de la vida entonces fluirá dentro de nosotros como una fuente y nuestro corazón se verá colmado por sus límpidas aguas, como el sagrado cáliz del elixir de la vida eterna que buscamos de la misma manera que lo hicieron los caballeros de la Tabla Redonda. Nosotros buscamos, seguimos buscando. Es posible imaginar que todo lo que tenemos que aprender en esta vida ya está escrito de alguna manera en todo lo que nos rodea. Está en cada piedra, en cada aliento del viento, en cada flor. Está en las historias y en los cuentos. Está en las huellas que deja cada persona que camina a nuestro lado o que ha recorrido caminos que nos iluminan e inspiran. Está en el espejo del mundo.

Si solamente liberáramos la respiración que retenemos, con este simple movimiento nos daríamos cuenta del esfuerzo inútil que estábamos haciendo a la vez que podríamos contemplar claramente todo aquello que buscamos desesperadamente. El personaje del Principito de Saint-Exupéry nos dice muy claramente: «Sólo se puede ver bien con el corazón. Lo esencial es invisible a los ojos». Lo esencial es ni más ni menos que la inmensidad que se alberga dentro de nosotros. Muchas veces intentamos no creérnoslo, pero es que Dios está dentro de cada uno de nosotros, de la misma manera que el océano está contenido en cada gota de agua salada. Dios está presente en forma de amor en nuestros corazones. Cuando amamos, somos felices. ¿Y eso quiere decir que tal vez la felicidad a la que aspiramos se encuentra en el amor? Siempre tenemos la posibilidad de alcanzar el amor, aun en los momentos que sufrimos. Poseemos esa inmensa y maravillosa capacidad que nos cura: amamos y sabemos amar.

¿Por qué entonces nos encontramos con tantas dificultades para permanecer en contacto de manera continua con el amor que nos habita? Puede que sea debido a que tenemos una herida profunda en el alma, un miedo con el que siempre volvemos a encontrarnos y que es el origen de todos los demás miedos, que se ubica precisamente en el origen de nuestros miedos al abandono, al rechazo, al ridículo, a la traición o a la soledad. A lo mejor es que en el fondo de nuestra alma nos sentimos abandonados por Dios, arrancados de nuestra condición inicial de amor, traicionados en nuestra inocencia o catapultados en un mundo que no entendemos y donde nadie nos acompaña. Personalmente, creo que no somos del todo conscientes de que es esto lo que sentimos en realidad. Si fuéramos plenamente conscientes de que es esto y no otra cosa lo que sentimos, nos daríamos cuenta de que se trata de un miedo irreal. Cada vez que sentimos amor, estamos sintiendo a Dios. Más allá de nuestras creencias, en el fondo el alma sabe y reconoce que Dios no se ha movido de nuestro lado en ningún momento, que está en el interior del corazón de cada criatura. Nuestro corazón conoce el camino estelar del sueño de realización, capaz de elevarnos más allá de nuestras pequeñeces para darnos respuestas a nuestros porqués en el exacto momento en el que nos abrimos a su gran poder creativo. Nuestro engaño radica en que creemos solamente en la realidad que la mente deduce a través de los sentidos. Cuando así lo hacemos, perdemos el instrumento divino de nuestra sensibilidad intuitiva.

Si es verdad que la imaginación es un poder creativo en acción constante capaz de elevarse al reino sublime de las ideas donde viven las matrices de las posibilidades reales, entonces sólo somos instrumentos realizadores del gran sueño de Dios. Su gracia nos regala la inspiración que nos permite materializar la expresión de amor que habita en nosotros. Cuando amamos, sentimos que todo es posible. ¿Por qué detenernos ahí, entonces? ¿Por qué no utilizamos nuestros medios de conocimiento para volver a conectarnos con la vida? ¿Por qué no nos dejamos llevar por su música y su poesía que nos inspiran nuestra sensibilidad de soñadores e ir más allá de los límites de la condición humana y su realidad ordinaria? No nos importe que se rían de nosotros mientras nos transformamos en grandes artistas de la vida, mientras con las yemas de los dedos recogemos el halo del hilo de luz que conforma la vida para así bordar nuestros pensamientos y acciones.

Un arcoíris se genera a partir de la refracción de la luz sobre una gota de agua, pero también es una señal del regreso del sol después de la lluvia. Es un símbolo de esperanza. Es un puente de luz en el cual bailan las diversas frecuencias de vibración con que podemos observar en forma de diferentes colores. También es un espectáculo maravilloso. Nos encanta. Puede inspirar una poesía, un dibujo, una pintura, una música o un bello pensamiento. ¡Cuántas cosas podemos recibir de un arcoíris! Incluso, sin lugar a dudas, el lugar mágico que esconde la olla de oro de los gnomos.

Una vez, hace mucho tiempo, cuando era una niña, más de una persona se burló de mí por mi fantasía y mi ingenuidad, por mi manera única de considerar los diversos aspectos de la realidad, desde lo más prosaico hasta lo más mágico. Mientras me señalaban, me decían: «¡Pero es que tú crees en cualquier cosa, incluso en un cerdo que vuela!». Yo, tranquilamente contestaba que no era así, pero que sí creía que era, y es, necesario levantar la vista hacia el cielo porque nunca se sabe, si pasase entre las nubes ese cerdo que vuela, yo no quisiera perdérmelo por nada del mundo.

La cuestión no es creer o no creer. Nada de esto tiene conexión con la experiencia directa. La cuestión es pensar en otras posibilidades, considerar otros puntos de vista, abrir y expandir la experiencia, recorrer más caminos. Creer sin poder comprobarlo en la experiencia directa es algo bastante cercano a la fe, una suerte de fe que se mantiene débil hasta que se transforma haciéndose fuerte justo en el momento en el que asimilamos interiormente aquello en lo que creemos y que no se puede tocar en la realidad. Hace falta argumentarlo y verificarlo, sí, pero dentro de cada uno de nosotros hasta que la creencia se transforma en una manera de vivir esa verdad en la que hemos creído. Pero hemos de permanecer alertas, no podemos congelar esa creencia, no podemos considerarla absoluta.

Cuando abrimos tanto la mente como el corazón, estamos libres del miedo que generan los prejuicios y las ideas preconcebidas. Solamente de esa manera podremos ir más allá de los límites que encontramos a nuestro paso.

El pensamiento puede dejarse llevar por el vehículo de la imaginación y seguir la vía trazada acompañando con la sensibilidad del corazón. De esta unión se desprende la chispa de la intuición y se revelan aspectos de la verdad absoluta. Es precisamente así que científicos, artistas y filósofos, además de hombres espirituales, han encontrado, han sentido, han visto y han llegado a revelarnos fragmentos de la verdad universal. Pero la unión del corazón con la mente es un proceso largo que requiere un aprendizaje. Está al alcance de todos los seres humanos que empiecen a considerar y a fiarse de sí mismos, de sus cualidades y que se atrevan a pensar con su propia cabeza intentando poner en práctica cuanto vive en su interior. Es la gran verdad la que viene a buscarnos, y se deja encontrar cuando estamos preparados para ella. Todo el universo se hace visible cuando no nos rendimos ante el pequeño *yo* que nos habita.

La realidad sutil

A lo largo de mi vida he intentado seguir mi propósito de conciliar lo sensible y lo práctico. Y así transferir al día a día las comprensiones, intuiciones y el sentir interior, aplicarlos a mi cotidianidad. Naturalmente, como se puede imaginar, en este camino me he topado con inseguridades, dudas, confusión. He recibido heridas y he cometido errores. He intentado soportar el dolor sintiendo que algún día se acabaría, que no duraría para siempre. Muchas veces me he rebelado y otras tantas me he rendido a su evidencia. Poco a poco me he dado cuenta de que cada padecer, cada sufrimiento que me tocaba experimentar también me traía un enseñanza. Comúnmente creemos que la vida nos pone a prueba. Pero en realidad somos nosotros mismos los que nos ponemos a prueba, atrayendo hacia nosotros las personas y las circunstancias que nos colocarán en una situación que nos permitirá trascender nuestras limitaciones. No hay nadie a quien podamos echar la culpa cuando nuestro equilibrio se derrumba. Sufrimos cada vez que el equilibrio que habíamos encontrado se rompe. Cuando nos topamos con el dolor, lo mejor es escucharlo dentro nuestro, acogerlo sin rebelarnos y preguntarnos sobre el límite que ahora tenemos que trascender y que este dolor nos está mostrando. A partir del momento en el que tomamos conciencia, el dolor adquiere una nueva dimensión, mucho más amplia, su significado crece, se transforma también en un sentimiento aún más profundo. Y de esta manera, poco a poco, nos vamos reconciliando con nosotros y con la vida. Todo esto sucede porque hemos alcanzado el amor que nos habita. Todas las circunstancias que encontramos en nuestro camino, sean dolorosas, estén llenas de alegría y felicidad o del tipo que sean, en realidad, son eventos significativos que están presentes para revelarnos nuestra capacidad de amar. Cuando vivimos un momento especial de suerte, cuando nos cruzamos con circunstancias favorables, con personas magníficas e instantes mágicos, también entonces podemos preguntarnos cuáles son las cualidades presentes en nosotros que se nos están mostrando. Asimismo en tales momentos podemos desarrollar nuestra capacidad de amar. Generalmente, cuando las cosas marchan de manera positiva, nos contentamos y no hacemos mucho por el ejercicio interior. Pedimos ayuda y rezamos sólo cuando estamos mal. Tú, lector o lectora, puedes creerme que si aprovecháramos los momentos de bienestar para aumentar nuestro contacto con el cielo que hay dentro de nosotros, el significado que damos al sufrimiento, la necesidad del dolor para progresar en el camino de la conciencia no sería tan decisivo. Si desarrolláramos el sentido de la gratitud por cada momento o cada pequeñez que encontramos durante un día, cualquier día normal, viviríamos en continuo contacto con el amor que nos habita. Entonces, estaríamos unidos a Dios de manera estrecha e íntima mediante un diálogo interior.

He tenido la suerte de encontrarme en esta vida con una madre de una espiritualidad intensa, abierta y para nada dogmática, le encanta leer. Y he tenido la suerte de reencarnarme junto a un padre generoso, de personalidad versátil y sensible al arte que me dio todo cuanto necesitaba para pintar. Tenía la libertad para desarrollar mi faceta más artística, acceso a la cultura y a la lectura, claves para mi futuro y para mi búsqueda. Aun cuando mi sensibilidad no fue comprendida ni aceptada como a mí me hubiera gustado, podía hablar sobre muchísimas cosas con mi madre. Ella siempre puso de su parte y siempre intentaba comprenderme. Me quería muchísimo. Y eso que en más de una ocasión descubrí su mirada perpleja ante alguna de mis supuestas excentricidades y rarezas. Charlábamos durante horas y horas. Me ayudó a enriquecer y desarrollar mi faceta espiritual. Supo despertar el amor en mí. Le debo tantas cosas. A mi padre le agradezco la valentía y el altruismo que siempre me ha demostrado.

El paso del tiempo propició el momento de mi encuentro con mis maestros espirituales. Su enseñanza me regaló gemas preciosas de conocimiento, sobre todo de mí misma. La paz fue suplantando mi confusión interna. Poco a poco también se iban confirmando mis elecciones vitales. Tal como ya he explicado, cuando era pequeña comencé a recibir las visitas de presencias de seres del mundo invisible y entonces necesité encontrar el significado de todo aquello y lo que comportaba además vivir en un mundo que me brindaba otra realidad. Conciliar la realidad invisible y la realidad visible era imperativo. La naturaleza ha ejercido un papel esencial en mi vida. La naturaleza me llamaba poderosamente la atención y era en ella y a través de ella que se me hacía más fácil buscarlos y encontrarlos. Y dado que no podía comentar mucho sobre mis experiencias con el mundo de lo invisible, la naturaleza era la gran conciliadora de los dos mundos en los que yo vivía. Era la gran madre que albergaba lo invisible y lo sensible mediante sus formas armónicas y visibles, en sus leyes observables se cobija el misterio de la realidad tridimensional mientras muestra el camino de su trascendencia de forma paralela. Fue así como empezamos a conocernos, ella era la maestra y yo, su pequeña y atenta discípula. Aprendí a sumergirme en su abrazo, a escuchar sus susurros, a hacer caso de sus indicaciones, a reconocer su sabiduría y, poco a poco, aprendí a sentir que los dos mundos en los que yo vivía no estaban separados.

El mundo sutil e invisible rodea al más denso y visible, como una mano que se coloca un guante. Sus presencias, aparentemente irreconciliables, son en verdad una única realidad y pueden existir en el mismo lugar y al mismo tiempo. Son dimensiones que se compenetran en estados de vibración diferentes. Lo invisible tiene una frecuencia de vibración mucho más elevada que la materia visible y es por este motivo que no se ve y permanece como escondido al ojo físico, que es el órgano para percibir la frecuencia más lenta de esta parte del mundo. Intuí que cuando yo veía lo invisible era porque, sin darme cuenta, mi frecuencia se trasladaba a la suya, aunque siempre estaba presente, siempre estaba allí a pesar de que yo no lo viera. Me fui dando cuenta de que mi frecuencia cambiaba con mayor facilidad cuando me encontraba en plena naturaleza, me entregaba a ella de tal manera que inducía un estado completo de contemplación. En tal estado la frecuencia de los pensamientos más ordinarios se aplaca y, por lo tanto, en esos momentos no hay interferencias que puedan molestar la vastedad del presente. Así se consigue un estado de la mente de tal paz que se amplían la escucha y la visión de todo. Las puertas de la percepción sutil pueden abrirse en cualquier momento de manera imprevista, espontáneamente, y son las que llevan a que nuestra vibración se eleve para alcanzar su frecuencia.

Recuerdo perfectamente que la primera vez que pasé de una frecuencia a otra fue gracias a una libélula. Estaba sentada tranquilamente bajo la sombra de un árbol cuando una enorme libélula vino a mi encuentro. Se quedó quieta frente a mis ojos, detenida en el espacio y manteniéndose perfecta en su vuelo. En aquel momento ni me di cuenta, no hice mucho caso a su mensaje. Mi mente sabía que la libélula tiene alas, puede volar, que son transparentes y muy delicadas. Pero luego me di cuenta que de mis ojos no veían las alas. Y eso sucedía porque la libélula, con tal de mantenerse en aquella postura, como suspendida en el aire, tenía que batir las alas a una gran velocidad, a una velocidad elevadísima para la percepción ordinaria, tanto que se podría haber dicho que no tenía alas. Apenas comprendí el mensaje de la libélula, símbolo de la ilusión que aceptamos como realidad, ella se marchó. Mucho tiempo después, descubrí que la física ha estudiado el aspecto vibratorio de la materia y que ha llegado a plantear hipótesis sobre la existencia de realidades paralelas y de diferentes estados de la realidad. Estas intuiciones científicas revolucionan la manera en la cual pensamos sobre la realidad de nuestra dimensión, confirman los presentimientos de cuantos tienen la sensibilidad que les permite acceder a verdades escondidas. Además, es una prueba lo suficientemente fuerte como para que quienes necesitan siempre justificaciones concretas, tangibles y materiales puedan abrirse a nuevas maneras y nuevos esquemas y a otras posibilidades. Pero, en absoluto, nada de esto demuestra que la realidad es mucho más de cuanto podamos llegar a ver o creer. El acceso a nuevas verdades y, por lo tanto, a visiones mucho más amplias depende siempre de la manera en que pensamos. La inteligencia creativa es la facultad divina que permite navegar al ser humano por los mares del conocimiento. De una tierra plana de dos dimensiones pasamos a una tierra esférica de tres dimensiones en pocos siglos. Ahora nos hace reír la ingenuidad de nuestros antepasados. Algún día, cuando vivamos en la realidad expandida de otras dimensiones, quizás sonriamos al recordar la obstinación que nos caracterizaba a los humanos al negarnos a nosotros mismos la grandeza de lo que en realidad somos.

Givaudan nos recuerda:

«Encontrarse significa ver en uno mismo el espíritu que se prolonga en un cuerpo y dejar de sentir un cuerpo buscando el espíritu».

El espíritu divino nos habita y nos impulsa a que nos convirtamos en exploradores de lo desconocido. Nos hace desear un mundo en el que reinen la paz y la armonía, la belleza y la abundancia. En un mundo que fuera ideal, nos sentiríamos seguros porque sentimos profundamente que es lo que nos corresponde por el simple hecho de haber nacido, por el derecho de nacer. Lo que nos impulsa a ese deseo es la nostalgia del hogar original. Se trata de la condición del ser, algo que nuestra alma conoce como su naturaleza divina. Esta fuerte nostalgia es la mayoría de las veces un sentimiento inconsciente, nos vuelve a menudo insatisfechos. Y así corremos de un deseo a otro, buscamos horizontes cada vez más lejanos, a veces nos contentamos. Todo esto nos impulsa a convertirnos en navegantes del espacio desconocido de nuestro universo interior. Nos abrimos al infinito dentro de nosotros mismos y así el infinito se hará visible ante nuestros ojos.

Al abrirnos a la paz interior y y poniéndonos a trabajar para transformar nuestros esquemas mentales, que suelen impedirla, esa paz tan anhelada se manifestará. Cuando el maestro Jesús dice: «Os doy la paz», hace que nos enfrentemos a todo cuanto no es pacífico dentro de nosotros. Para vivir en paz, con la paz y en ella, es necesario que sepamos exactamente qué quiere decir para nosotros y aprender, poco a poco, a conseguir esa paz que tanto deseamos. Y así es también para la belleza, la armonía, el amor y la felicidad. Nada no está prohibido porque todo existe dentro de nosotros como tributos olvidados de la divinidad que habita en nosotros.

No podemos manifestar hacia afuera lo que no nos habita y que no hemos generado en el pensamiento y en el corazón. No hay oscuridad que pueda resistirse a la luz. Cuando nos entregamos a la luz descubrimos dónde está el interruptor y sabemos que basta presionarlo para que se haga claro el lugar donde hemos caminado a tientas, asustándonos por los obstáculos que en la oscuridad no podíamos ver y a veces imaginándolos aún mayores y más peligrosos de lo que en realidad son. La Tierra en la que vivimos es el campo de juego de nuestra experiencia evolutiva a la vez que es el reflejo de nuestra tierra interior. Lo que vive en nosotros se manifestará fuera de nosotros también. Y, actualmente, este precepto que es una antigua enseñanza de sabiduría se ha vuelto una hipótesis científica reconocida.

Nuestra Tierra Madre manifiesta en su naturaleza la belleza. En efecto, la naturaleza está presente cada vez que giramos la mirada y nos detenemos en sus paisajes aún intactos. Cuando sabemos apreciar la belleza es porque la hemos reconocido. Si no existiera ya dentro de nosotros, no podríamos verla fuera. Creo que la naturaleza es un espejo para que podamos conocernos a nosotros mismos. Si la olvidamos, también nos olvidamos de nosotros mismos. Si la maltratamos, nos estamos maltratando a nosotros mismos. Si la oprimimos y la obligamos a cumplir con nuestras exageradas necesidades ilusorias, estamos matando la paz y la armonía que nos habita. La mente del hombre que quiere poseer la naturaleza encarcela la propia libertad. La mente es como un cofre en el que están escondidos nuestros temores. Si cedemos a sus sutiles engaños, también estamos cediendo al miedo y al juego de sus ilusiones. A tal propósito nos conviene recordar las siempre válidas enseñanzas que se encuentran en las escrituras sagradas hindúes. Allí podremos leer cómo un personaje huye asustado cuando ve lo que le parece que es una serpiente, pero que en realidad es una inocua cuerda enredada, la cual habría visto e identificado perfectamente si el personaje no hubiera sido presa del pánico.

La sabiduría lakota nos recuerda:

«En un principio todo iba bien, no existía la muerte».

El permanecer en la ilusión es nuestra muerte. El olvido de la conciencia nos ha conducido de esta manera a la idea de reproducir el cielo perdido en esta dimensión, y así hemos detenido el movimiento incesante del sufrimiento surgido a causa de tal separación. Liberarnos de la ilusión de la mente es nuestro más arduo deber. Nos encontramos en una nueva era que nos llama colectivamente a lograrlo. Nos llegan nuevas energías, con mayores vibraciones de renovación y despertar que estimulan la conciencia colectiva y nos impulsan para que modifiquemos las estructuras y los esquemas de la realidad en la que vivimos. Así podemos acceder a una nueva verdad en la que las viejas ilusiones pueden ser identificadas y reconocidas con mayor facilidad y transparencia. Sin embargo, en el polo opuesto, las fuerzas oscuras y disruptivas de la ilusión colectiva parecen cobrar más vigor. Al final se creará un equilibrio de fuerzas y la luz prevalecerá sobre la oscuridad, la conciencia reinará sobre la ignorancia, el amor ganará al egoísmo. Entonces, tal y como afirman los maestros de la humanidad, la luz de una nueva conciencia crecerá a un ritmo exponencial y conducirá a los seres humanos hacia una nueva realidad de realización. Sólo será posible porque aquí y ahora habremos actuado en nuestro presente, dirigiendo nuestras elecciones personales a través del amor y los recursos interiores que cada uno tiene a su entera disposición. El compromiso del trabajo personal no nos atañe únicamente de manera individual. Cada uno de nosotros es una anilla en una cadena que comprende la humanidad entera. Por todo esto, no podemos dejar de considerar que cada nuevo paso que damos hacia nosotros mismos es, al mismo tiempo, un nuevo paso que damos hacia el despertar de la conciencia colectiva.

Givaudan nos recuerda con sus bellas palabras:

> *«Es verdad que nadie puede dar totalmente aquello que aún no posee. Pero te diré que cada uno de nosotros tiene como mínimo un hombro que puede servir de apoyo a otra persona. Quien cree que es perfecto para poder servir a los demás simplemente aumenta su propio orgullo antes que disolverlo. Si se reflexiona demasiado sobre la propia perfección, acaba por aplastar el amor».*

Presencias invisibles de la naturaleza

Con el tiempo, durante mis incursiones en la naturaleza, empecé a notar a mi alrededor ciertas presencias impalpables y amigables, más ligeras que el mismo aire y, a la vez, poseedoras de una intensa energía. A menudo, me sentía observada por miles de ojos invisibles. Escuchaba y sentía con los sentidos sutiles y alertas sin esperar demasiado ni grandes expectativas. Simple y llanamente sentía curiosidad. Notaba que estaba rodeada de algo nuevo y especial, venían a mi encuentro otra posibilidades. La naturaleza, esa gran criatura del infinito que estaba aprendiendo a amar, me revelaba ahora con un amor indecible y sin forzarme a alcanzarla en su corazón.

Algunas personas, muchos años después de estas experiencias, me han preguntado por la mejor técnica para poder entrar en contacto con los espíritus de la naturaleza, los devas. Es, en realidad, una pregunta un poco difícil de contestar porque jamás he tenido o pensado en técnicas o métodos, nunca he utilizado otros medios, no he realizado invocaciones o he puesto en práctica rituales extraños. Yo, de alguna manera, siempre he sido consciente de que nuestros mundos no se encuentran a causa de un deseo, un capricho o por casualidad. Sentía que había una razón, aunque si por aquel entonces me encontraba muy lejos de concebirla. Lo que he hecho, en todo caso, ha sido presentarme y ponerme a su disposición, abierta a servir aquel corazón amplio y desconocido que encontraba en la naturaleza. Así siempre aprendía poco a poco y paso a paso a sentirme parte integrante gracias al sentido de amistad que de dicho corazón emana hacia cada criatura. Intuía que para mí ése y no otro era el secreto que tejía la intimidad necesaria para alimentar el profundo sentido de comunión con cada forma de vida y con cada uno de sus aspectos. Algo que albergaba en mi memoria de cuando era pequeña, pero que ahora me pedía que fuera más consciente. Creo que todos los niños tienen esta natural apertura de mente y corazón hacia la naturaleza, siempre que los temores de los adultos no los hayan reprimido. Por todo ello, la respuesta que puedo dar a la pregunta inicial sobre mis técnicas consiste en primer lugar en que nos abramos desde el corazón de adultos al recuerdo del niño interior, libre y espontáneo. Es necesario sentir cómo ese niño interior se sorprende, cada vez como la primera, frente a los cientos y miles de espectáculos que la naturaleza nos regala a diario en cada momento y que entran en contacto con las imágenes interiores que la misma naturaleza suscita en el interior del niño sin que el adulto intervenga, dejando que la mente permanezca en silencio sin censurar nada. Sí, es cierto que existen maneras y métodos para convocar a los espíritus de la naturaleza. Existen rituales elaboradísimos e invocaciones que se utilizaban en los templos antiguos para evocar y controlar las fuerzas de la naturaleza a través de sus espíritus. En la actualidad ya no contamos con esos conocimientos. La vida y la conciencia humanas han cambiado mucho. Antiguamente, quien lo deseaba y estaba naturalmente capacitado para conocer tales poderes, debía retirarse de la vida en comunidad y abandonar sus placeres para irse a vivir en absoluta soledad en el bosque, lejos de todo y de todos y en contacto directo con la naturaleza que lo reclamaba. Durante años estudiaba y observaba la naturaleza de una manera constante y seria. El éxito no estaba siempre asegurado. La enseñanza primordial era de orden espiritual, siguiendo un proceso de iniciación que hoy en día no seríamos capaces ni de probar por su extrema dificultad. Pero hace tiempo la relación entre el hombre y la naturaleza era muy diferente. Se basaba en un sentido de respeto y de reconocimiento de sus leyes de armonía y de equilibrio. El hombre, por aquel entonces, era muy consciente de que su bienestar dependía de su obediencia a las leyes de la armonía y del equilibrio anteriormente mencionados y que tales principios eran fundamentales para su vida. El hombre amaba la naturaleza y no pretendía poserla. La llamaba «madre» porque era consciente de que gracias a su generosidad podía obtener alimento, medicinas y las enseñanzas espirituales. Hoy en día, el hombre ya no mantiene ese tipo de relación con la naturaleza, es más, cree que no la necesita. Ya no hay sabios dispuestos a ofrecernos las antiguas enseñanzas ni personas dispuestas a aprenderlas con la honestidad de corazón y la abnegación necesarias que se requieren para ello. Muy probablemente, aquellos antiguos rituales hoy carecerían de fuerza simplemente debido a que no estamos a la altura de aquellos tiempos. Ya no podemos poner en práctica una comprensión de la naturaleza perteneciente a otras realidades y otros tiempos, nuestras vivencias se encuentran muy lejos de aquella manera de entender la vida. En efecto, ahora nuestros parámetros para juzgar la vida nos alejan más que nunca. El poder que el hombre sí ha aprendido a utilizar es el que le ayuda a dominar al más débil haciendo gala de su fuerza y su falta de temeridad sin darse cuenta de que durante demasiado tiempo sólo se ha ocupado de alimentar su propia ignorancia y su egoísmo. El mundo se ha oscurecido con las sombras generadas por la densidad de los aspectos más negativos del hombre mientras lentamente se cierran las puertas de la felicidad tantas veces anhelada. Pero las puertas se abrirán para quienes así lo deseen con todas las fueras de su corazón, ya que cuando el objetivo se emplaza en el bien común, el corazón irradia luminosidad.

Existe una ley de intercambio con el universo que se asemeja mucho al ritmo de espiración e inspiración del aire en los pulmones. No podemos tener nada que no estemos dispuestos a dar y, a la vez, no podemos ofrecer nada que no estemos dispuestos a recibir. Se trata de la ley del equilibrio de la cual deriva la armonía, una sensación benéfica que sentimos en el momento en el que los platillos de la balanza tienen el mismo peso y están equilibrados, cada vez que hemos alcanzado un nuevo equilibrio y que nos impulsa a buscar uno nuevo cuando lo perdemos.

Me he encontrado con personas que ingenuamente y de manera bastante imprudente habían convocado a las entidades de la naturaleza. Desde su forma superficial de entender el mundo no se habían dado cuenta de su acto egoísta, y luego se encontraban que no sabían cómo liberarse de sus presencias. El equilibrio entre el dar y el recibir se había roto. A los espíritus de la naturaleza les encanta estar en contacto con los seres humanos cuando nosotros los buscamos. Generalmente, no reconocen ni comprenden la dualidad ni la ambigüedad que muy a menudo puede darse en nuestras intenciones y en nuestros sentimientos. Se podría afirmar sin temor a equivocarnos que los espíritus de la naturaleza viven el amor de forma tan pura como un niño: con intensidad, con alegría, con curiosidad y con aquella maravillosa inocencia sin necesidad de engaños o subterfugios.

Por esta razón pueden hacer gala de una completa y amable dedicación a quien los haya convocado. De la misma manera se comporta un niño con sus padres cuando lo aman. Engañarlos sería como traicionar la confianza y el amor de un niño. Es como depositar gotas de veneno en el brillo de su corazón para ver cómo se origina el dolor y la tristeza en unos ojos que antes estaban llenos de pura alegría.

Una vez pregunté a un ser de luz si la vida en nuestro planeta Tierra había observado siempre los mismos valores de inconsciencia y violencia. Me dijo, entre otras cosas:

«Hace mucho tiempo, Dios creó los mundos y dio vida y respiro a cada uno de sus pensamientos. De aquellos pensamientos surgieron seres de luz que cantando modelaron los pensamientos de Dios. Todo fue establecido según un orden total de belleza y armonía. Cada existencia vivía de la existencia divina y los hombres y los ángeles convivían en armonía. El deber de cada uno era feliz y puro».

Hubo un tiempo, tan remoto que no tenemos ni tan siquiera conciencia de él, en el cual los seres humanos vivían en sintonía con las fuerzas de la naturaleza y sabían cómo interactuar con ella y con sus espíritus colaborando de manera sabia, dando y recibiendo mutuamente. Podemos saber de ello gracias a las leyendas antiguas de muchos pueblos. Como alguien ha afirmado alguna vez: «donde hay historias hubo historia».

Era un tiempo en el que vivíamos de acuerdo a las leyes universales y con la Tierra, a la cual llamábamos madre. En ella nos refugiábamos y de sus generosas manos obteníamos el alimento para cubrir nuestras necesidades, así como las hierbas para nuestros males físicos y espirituales. Respetábamos las fuerzas que podían superarnos y vivíamos en paz incluso entre nosotros, ya que intuíamos y habíamos interiorizado la profunda conexión que hay entre todos y que nos conecta a todas las cosas.

Ahora hemos olvidado. Hemos abusado de la naturaleza con la convicción enfermiza de tener el derecho de poseerla. Ya no queda ni un trozo de tierra que sea libre y que no haya sido comprado, vallado y utilizado por el poder económico que rige el mundo actual. El hombre supuestamente civilizado prefiere el ruido de los motores, el brillo hipnótico de las luces de la ciudad, el ritmo caótico y estresante del trabajo que lo exige todo sin esperar. Prefiere dejarse atraer por las ofertas de miles de cosas inútiles que estimulan la idea de necesidades que en realidad son ilusorias. Opta por encontrar justificaciones a las cuestiones de estos tiempos que lo despersonalizan o se considera impotente para asumir riesgos y cambios, se niega a ponerse en marcha para construir un mundo mejor. El hombre ha olvidado el sentido precioso de su tiempo en la vida. Ha olvidado cómo dar tregua al incesante reclamo de su mente. Ya no recuerda lo que le pasaba cuando se detenía a escuchar el canto de un pájaro o cuando por las noches, después de una dura jornada de trabajo, sabía encontrar el infinito en el cielo lleno de estrellas o cuando sabía reconocer en la yema de un árbol en primavera la fuerza de la vida como si fuese la primera vez. El hombre no se acuerda de cuando era capaz de vivir con un sentido de gratitud y de respeto hacia la vida ni cuando dedicaba tiempo a contar historias, para ofrecer su conocimiento y su experiencia a las generaciones futuras. El hombre civilizado se ha vuelto dependiente de la locura por el poder y ya no es el protagonista de su vida ya que hacerlo implicaría libertad de pensamiento y llevar a cabo elecciones responsables que tendrían en cuenta una proyección a largo plazo para poder apreciar las consecuencias que se desprenderían de sus actos. Con todo, en esta época de transición hacia un muy incierto futuro, existen seres humanos, hombres y mujeres que no están dispuestos a dejarse civilizar por el actual sistema y mantienen sus vibraciones espirituales en un nivel alto, esperando un giro positivo que pueda transformar la realidad de esta dimensión. La espiritualidad no es ya una palabra que explica una actitud conforme a las reglas de la religión de manera exclusiva. En cambio, es el descubrimiento del valor intrínseco de la vida como emanación divina. Dicho valor es la sustancia que comprende todas las cosas, desde el infinito hasta el más pequeño o diminuto detalle que podamos observar, es ni más ni menos que el hilo de luz que nos une a todo lo creado con su creador.

Aceptar y comprender que lo divino nos habita, nos permite aprender a reconocerlo en todas las demás criaturas. Si modificamos nuestra visión de la vida sin separarnos de aquello que no es como nosotros tendremos experiencias espirituales. El camino para lograrlo ya está trazado dentro de cada uno de nosotros, en lo más hondo del corazón. Pero cada uno encuentra la manera de recorrerlo para acceder al camino principal de nuestro espíritu, ése es un trayecto personal e individual. Accedemos a él mediante nuestras elecciones cada vez que escuchamos nuestra voz interior. En cada corazón se haya un gran sueño. Descubrirlo y vivir para realizarlo implica elegir no morir. Así, escogemos vivir en cada instante sin dejar de comprender y ser conscientes de que la muerte representa una mutación de nuestra condición y nuestra conciencia.

Todo lo que muere, en realidad, está cambiando de un estado a otro. La muerte es un dejar partir el cuerpo físico junto a los viejos esquemas mentales que ya no nos sirven, es abandonar lo viejo por lo nuevo, lo que nos ha resultado útil durante tiempo en el pasado y que necesita cambiar de forma para expandirse hacia un nuevo futuro. Así ocurre cuando una semilla se transforma en árbol o cuando una gota de agua se convierte en vapor. La conciencia del cuerpo físico necesita expandirse hacia la del ser inmutable y eterno pasando a través de estados de conciencia cada vez más cercanos a la verdad. En cada vida el alma se viste de personalidad sujeta a un tiempo y provisoria. Pero lo que queda al final de cada experiencia vital es algo eternamente vivo e inmutable que conocemos bajo el nombre de espíritu y del cual el alma es una emanación, una extensión. La personalidad de cada uno se estructura según los roles que vivimos y que elegimos a lo largo del proceso vital de variadas experiencias en las cuales nos identificamos en mayor o menor medida con los papeles que asumimos. Cada vez que tomamos conciencia de nosotros mismos comprendemos dichos roles. Y cada vez asumimos diferentes formas y máscaras.

El miedo a la muerte genera un extraordinario apego a la forma que hayamos asumido, como si quisiéramos atrapar el agua que se cuela entre las manos. La esencia de las cosas, el espíritu es como ese agua que no puede ser capturada, que necesita continuar su curso asumiendo diferentes aspectos pero permaneciendo en sustancia el agua que es.

A lo largo de nuestra vida, nos atamos no sólo a las cosas o a las ideas sino también a las personas que hemos amado y que amamos, a los afectos y a las relaciones que representan un hilo conductor en nuestra existencia. Transformar el afecto acorde a una amor mayor que no genere dependencias ni que responda a deseos egoístas no es nada sencillo. Es el mayor reto y el deber de mayor envergadura a los que se enfrenta nuestra alma. Quizás lo que más tememos con respecto a la muerte es la idea de perder la conciencia del yo y disolvernos en la nada. Y, sin embargo, en esta vida ya hemos nacido y muerto muchas veces sin perder la conciencia sobre nosotros mismos. Hemos muerto en nuestra forma y nuestra conciencia limitada de niños para nacer a la más amplia de adultos en fases graduales de las que ni tan siquiera nos acordamos. A la conciencia que tenemos sobre nosotros mismos no le queda más opción que ampliarse y expandirse cada vez más.

En esta vida, cuando tenía unos veinte años me sucedió algo que dio un giro decisivo a mi existencia y que marcaría todas mis elecciones en el futuro. Viví una experiencia de la que se conoce como muerte con regreso, algo que muchas personas han experimentado. Aquella experiencia me dio la certeza de que realmente somos conciencia y espíritu. Somos una luz purísima de pensamiento que vive, dinámica y perfecta en su esencia creadora. Lo demás es una forma que puede contenerlo durante aquel breve período de tiempo que identificamos y solemos llamar «vida». Albergamos una felicidad y una beatitud que son imposibles de calificar y que inconscientemente nos iluminan. Todo está destinado a que nos alimentemos de dicha fuerza para que la materia de este mundo pueda recibirla y transformarse.

Encuentros

Un día, sin más preámbulos y de manera totalmente imprevista, los espíritus de la naturaleza se hicieron visibles ante mis ojos, sin que entendiera el motivo. Yo creo que cada cosa tiene un motivo de ser, un objetivo y una causa para que se entrelace en los hilos coloridos de la existencia. Cada vez que contactaban conmigo me sorprendía que fuera justamente yo la elegida y tal hecho me dejaba perpleja, muy asombrada. Sus formas siempre me parecen maravillosas y sus emanaciones no han dejado de sorprenderme. La felicidad me invadía por completo y me sentía profundamente agradecida.

He tomado la decisión de contar cuanto me ha sucedido con los espíritus de la naturaleza y he elegido compartir mis experiencias con la esperanza de que todo esto sirva de inspiración a los antiguos recuerdos que cada uno de nosotros poseemos de un tiempo en el que cada hombre, mujer y niño percibía el alma del mundo y amaba con todas sus fuerzas cada manifestación de la vida.

Entre todas las experiencias que he vivido a lo largo de treinta años, he anotado las que me parecen más significativas para desarrollar la idea de este libro. También he tomado la decisión de no escribir el nombre preciso ni la localización exacta de aquellos lugares donde he vivido dichas experiencias para evitar que se pueda creer que se trate de sitios especialmente proclives a los encuentros de este tipo, y para que así se pueda contemplar toda la naturaleza, estemos donde estemos, como una magnífica vibración física mantenida por los espíritus que la habitan.

No podemos olvidar que es cierto que existen determinados lugares en la Tierra que son especialmente energéticos. Esto sucede desde tiempos inmemoriales. También existen las líneas de fuerza, los meridianos, los nudos de la Tierra, reconocidos desde tiempos antiguos como lugares sagrados, lugares especiales para contactar con las entidades de luz. En tales ubicaciones se encuentran normalmente fuentes de agua, grutas... y se consideran lugares de sanación física y psicológica. En esos lugares se han construido templos o se han erigido menhires para canalizar la potente energía que aún hoy corre entre la tierra y el cielo. No siempre ni todas las culturas han necesitado construir templos o lugares de oración porque tales eran ya por naturaleza templos, siendo los árboles sus columnas y el mismo cielo su techo. En estos espacios privilegiados han nacido leyendas, tantas como hallazgos de muchos investigadores. En ellos los fluidos energéticos son más evidentes sin lugar a dudas. Obviamente, no son los únicos. En realidad, muchos de ellos son tan visitados que es casi imposible encontrar espacio para que las energías fluyan. En ellos hallamos personas que acuden por los más variados intereses. Cada uno emite pensamientos y siente una curiosidad en particular junto a expectativas que se agitan sin cesar. Hace falta silencio para captar la esencia de tales energías. Y hace falta espacio. Porque todos esos millones de pensamientos ocupan lugar. Los devas están presentes en cada una de las tradiciones de todos los pueblos de la Tierra. En el Tíbet los encontramos de la misma manera que están presentes en América en India o Asia, existen en Australia, se sienten asimismo en África o Europa. En cada lugar asumen nombres y aspectos diferentes, pero las divinidades de la naturaleza y el hombre llevan milenios encontrándose y cada cultura atesora historias que así lo prueban.

Hace diez años me topé con el Evangelio esenio de la paz de E. B. Szekely. Entonces sentí que había vuelto a encontrar algo que me había faltado durante mucho tiempo. Lo recuerdo perfectamente como si estuviese sucediendo ahora mismo. Fue una conmoción. Algo se apoderó completamente de mí mientras pasaba las páginas y leía las palabras escritas hace dos mil años que, finalmente, volvía a hallar. En el texto se narran las enseñanzas de Jesús tal como se hacía en la comunidad esenia. Jesús habla del Padre Celeste y se refiere a la tierra como madre. También menciona la comunión entre los ángeles del cielo y los de la tierra. Habla sobre la importancia que tiene para nosotros contactar con ellos y acceder a su confianza sagrada. Nos cuenta sobre los beneficios para nuestro cuerpo y nuestra alma. Se nombran los ángeles de la naturaleza. Y es la primera vez que se hace referencia a ellos de tal forma y denominándolos, precisamente, ángeles de la naturaleza. Para mí era la primera vez que leía un testimonio tan antiguo sobre ellos. Allí estaban los ángeles de los elementos.

Es verdad que no se puede esconder algo para siempre y que, irremediablemente, llega un momento en el que la verdad viene a dar testimonio sobre sí misma.

Segunda
Parte

Un amable susurro en nuestro corazón

«¿*Cuánto tiempo ha pasado, cuánto tiempo hemos permanecido lejos del corazón? Y sin embargo siempre hemos estado aquí, no nos hemos ido a ninguna parte. Lo que sucede es que vosotros no nos percibíais, o a lo mejor es que no podíais, apresados en la trampa de la mente que os ha encarcelado y engañado el sentido y la percepción. Una acción amorosa finalmente ha podido volver a abrir la puerta para que nos reunamos.*

Con amor regalamos y llenamos los corazones colmándoles de dones, ahora abiertos para escucharnos y sentirnos. Bienvenidos a los brazos de la Madre Tierra, hijos, hijas y hermanos. Los unos y los otros, todos nosotros, estamos en el camino de la larga escalera de la luz. Nosotros hemos estado aquí desde tiempos inmemoriales, cuando todos nos nutríamos del seno de nuestra Madre Tierra mientras la mano de nuestro Padre Celeste nos guiaba, conscientes todos los unos de los otros, percibiéndonos y a la vez unidos estrechamente al vínculo divino. Eran tiempos en los que nuestras palabras se unían fundiéndose en un canto de amor a la vida. Todos vivíamos juntos, mano a mano, mientras colaborábamos participando de nuestra evolución común y recíproca.

Caminábamos juntos como compañeros, unidos por los hilos de la misma luz. Y ahora las conciencias están preparadas para recibir las simientes que germinarán en una nueva tierra. Todos hemos de estar presentes. Éstas son las simientes para diseminar, al hacerlo es necesaria la entrega con amor y alegría, conscientes de este grandioso deber que la Luz Perfecta ha puesto en las manos de cada uno y que la Suprema Presencia se hace cada vez más palpable en el interior de todos y cada uno de nosotros. Amad, que vivan los pensamientos de amor en el interior de cada uno. El amor es el alimento, la ambrosía, el néctar sagrado que otorga la inmortalidad. En el amor no existe eso que los humanos llaman muerte, sólo existe la vida que brilla de alegría, la danza del universo y el canto de las estrellas. Vida que llama al sueño que tantos creían perdido para hacerlo revivir. Es el hilo roto que espera ser unido al presente, al presente de todos y cada uno. Que los pasos de cada uno puedan dejar huellas ligeras y etéreas, que la mente pueda recordar y liberarse de lo que la tiene anclada al pasado hasta lograr que los corazones se abran y estén preparados para recibir el néctar de la alegría. El corazón es el cáliz que espera llenarse de tan dulce alimento, hasta que esté colmado para así verterlo en todas las direcciones posibles, y de la misma manera que los ríos de la vida, inundar la tierra de este amor. No hay tiempo para detenerse ni para decirse que ya se sabía lo que es obvio. Ahora a cada uno le toca facilitar el camino al corazón para que colme esta experiencia.

Deseamos bendeciros a todos. Con nuestras luces os rodeamos y os abrazamos de una forma dulcísima.

Benditos sean los hijos de la Tierra. Cada uno trae consigo un don, un don precioso, acorde a la naturaleza de los elementos que forman parte de la esencia individual.

Y entonces...
¿Permitirás que el sol se refleje en tu cara?
¿Permitirás que el viento te acaricie la piel,
que te despeine la cabellera?
¿Permitirás que la lluvia te bañe mientras
baila entre los árboles,
mientras tus pensamientos se enlazan
jugando con las nubes del cielo?
Junto a ti, muy cerca, con amor,
los devas de la tierra, el agua, el aire y el fuego».

Región de Umbría
Las dríadas:
el deva de un árbol quercia

Una soleada tarde del final de verano, unos amigos y yo decidimos dar una vuelta por el bosque. Es casi la hora del atardecer y el aire está plagado de los perfumes que el sol ha liberado de las plantas y de la tierra. Por todas partes se adivinan las fragancias de las hierbas medicinales que nos sorprenden por el camino. Mis amigos charlan alegremente, caminamos ligeros, sin pensar en nada, disfrutando de la felicidad de estar juntos. Pero yo me quedo un poco atrás de forma deliberada aunque discreta, ya que noto una atmósfera especial que parece envolver el lugar como un velo mágico y que me llama la atención. El camino del bosque se eleva por una colina y lo seguimos para llegar a la cima. Ya cerca del final del camino y a punto de tocar la cima, el bosque se abre repentinamente en un claro muy amplio. Podemos contemplar el sol que adquiere tonalidades rojizas, anunciándonos el atardecer. Las luces a nuestro alrededor se vuelven delicadamente doradas mientras los pájaros se reúnen para su canto vespertino sobre las copas de los árboles que nos rodean como una corona. Las flores salpican nuestra mirada. En breve, sus corolas se cerrarán para el reposo nocturno.

El grupo de amigos se aleja un poco, pero yo no los sigo. Una sensación muy intensa me induce a detenerme a pocos pasos del límite de aquel espacio circular. Y ya no estoy sola. Las voces de mis amigos son un eco lejano. Casi en el centro de aquel espacio hay un árbol joven, de tronco aún fino y sutil. Atrae mi mirada en su dirección. Siento cómo las vibraciones cambian de manera casi imperceptible. Es como un movimiento ligero. Es entonces cuando la veo, es una dríada, el espíritu que mora en ciertos árboles.

Aparece una figura de aproximadamente un metro y treinta centímetros, sale del tronco de aquel árbol, se aparta y me observa. Viste con un tejido que no logro reconocer, que tiene el mismo color y textura que el árbol y que la cubre desde la cabeza, como una capucha. Pero ese vestido parece una prolongación de su cuerpo. Sólo la cara, de forma alargada y de mentón puntiagudo, se distingue del resto del cuerpo porque es muy clara. Los ojos son muy grandes, oscurísimos y de contorno oblicuo. Su mirada es muy penetrante. Nos quedamos mirándonos por un largo rato, nos observamos. Me llama tanto la atención que apenas me muevo, no me atrevo. No quiero asustarla y temo hacerlo, no quiero que ninguna reacción mía la asuste y la haga escapar. Siento cómo nos comunicamos a un nivel muy sutil mientras nos miramos y contemplamos. Nos estamos estudiando la una a la otra para conocernos. La curiosidad inicial se transforma en una dulce benevolencia. Interiormente me doy perfecta cuenta de que me está comunicando sus sentimientos, que recibo sensaciones imprevistas de ondas de colores. Me hace saber que me conoce. Y que, además, hay una razón que la ha empujado a mostrarse solamente a mí. Sabe que yo desconozco los motivos de esta aparición. Transcurre un tiempo que yo no sabría definir con exactitud. No sé cuánto tiempo pasamos así. Todo parece quedarse suspendido. La atmósfera es muy especial.

Mis amigos regresan, comienzo a oír sus voces lejanas, sus pasos se acercan. Cuando ya puedo alcanzar a verlos, la dríada, sin dejar de observarme, se retira lentamente del árbol, que vuelve a adquirir su forma habitual, vuelve a ser un árbol de copa frondosa que ondea ligeramente aupada por la brisa vespertina. El sol ya se ha puesto. Esta vez no he presenciado el espectáculo de su despedida diaria. Ni tan siquiera me he dado cuenta del tiempo que ha pasado, seguramente algo más de una hora. Mi corazón está lleno de una alegre gratitud, pero sé que no puedo contar lo sucedido. Me reúno con mis amigos y tomamos el camino de regreso. Mientras nos alejamos me doy la vuelta para contemplar por última vez aquel árbol. El cielo le roba al sol todos los colores y se tiñe de rosas, naranjas, rojos y violetas pintando el horizonte de un profundo color índigo. En algún lugar, en lo más profundo del bosque, el sonido de un búho parece un último y amigable adiós.

Región de Umbría
El gnomo
y las luces en el sendero

Es ya de noche cuando ascendemos con el coche por un camino estrecho por la montaña. Mi compañero y yo hemos decidido pasar la noche en una tienda de campaña en lo alto de la montaña. Es una cálida noche de otoño y el cielo está despejado, cubierto de estrellas. El camino es muy estrecho, apenas hay sitio para que nuestro coche pueda pasar. Así que buscamos dónde aparcar para seguir a pie. En una curva que asciende, una de las ruedas resbala y nuestro coche se detiene. Con la luz de los faros podemos ver que el camino prosigue. Más allá el bosque se cierra completamente. Estamos quietos y notamos que el aire no circula. De repente una mata se mueve, se agita. Yo pienso que debe de ser algún animal escondido, quizás una liebre. Pero me quedo con la boca abierta cuando lo veo salir y detenerse en medio del sendero. Es un gnomo, un pequeño gnomo, vestido como en los cuentos, incluso con su gorrito de forma puntiaguda.

No mide más de unos treinta o cuarenta centímetros. Se da la vuelta y me observa. Estoy tan contenta con esa inesperada e imprevista aparición que intento llamar la atención de mi compañero, que está ocupado con el coche intentando que se mueva. Los faros iluminan al gnomo perfectamente, puedo verlo con toda claridad y detenerme en cada detalle de su graciosa y simpática figura. Es imposible no verlo. ¿Por qué entonces mi compañero no se está dando cuenta de su presencia como yo? Cuando intento avisarle, el gnomo me sonríe y vuelve a la mata a esconderse agitándola. ¿Se ríe de mí? ¿Está jugando? No, me está pidiendo que no diga nada, que no cuente lo que está pasando. No me queda más remedio que aceptar, aunque no de muy buena gana, porque me encantaría compartir la experiencia maravillosa de su visión. Me encantaría poder compartir esas sensaciones y esos encuentros preciosos. Me gustaría mucho que otros sintieran la felicidad que yo siento con estas experiencias. Pero puede que aún no haya llegado el momento de hacerlo.

El coche no arranca y casi es mejor así porque entiendo que con el ruido de su motor y el olor a gasolina está perturbando la energía y la delicada quietud del lugar. Dejamos el coche allí, lo mejor resguardado posible. Nos colocamos las mochilas y seguimos adelante a pie en plena oscuridad ahora que los faros están apagados. Es noche profunda. Nos damos cuenta de que nos hemos descuidado la linterna, no está por ninguna parte. Seguimos a ratos casi a tientas. El bosque es muy espeso y las copas de los árboles se cierran entre sí uniéndose sin dejar pasar ni tan siquiera el brillo de las estrellas. La luna aún no está radiante en el cielo.

Caminamos en silencio, muy lentamente, atentos al terreno donde ponemos cada pie. Nos es un camino fácil porque estamos subiendo por la montaña y hay muchas piedrecitas y guijarros que nos hacen resbalar. Estoy unos pasos por detrás de mi compañero que ve mucho mejor que yo en la oscuridad sin lugar a dudas y tiene más práctica que yo. Puedo escuchar su respiración y el sonido de sus pasos algunos metros por delante de mí. Mi respiración ondea por el aire en volutas de formas irregulares y vuelve como una pequeña nube de delicado vapor. Su sonido es amigo, vital, cálido y rítmico. Un silencio intenso nos rodea. A veces se rompe con el rumor de las ramas, hojas que se rozan, unas alas que baten, el murmullo del agua. Los habitantes del bosque nos recuerdan su presencia. También nuestros pasos parecen formar parte de todo ese conjunto armónico cuando su ruido es absorbido por la hierba tierna y la tierra fresca. El misterioso aliento del bosque viste toda la montaña y nos abraza en su inmensidad. Nosotros somos dos puntitos de color con dos piernas que se han atrevido a invadir su territorio. Ese gran espacio es presencia, entidad, conciencia, pulso de vida y sabiduría en cada respiración de cada árbol, animal, insecto, pájaro, piedra así como en el musgo, en las plumas de los pájaros, en cada espora, flor y simiente. La noche se vuelve intensa. Me cuesta distinguir las sombras de las matas y de los árboles que me guiaban el camino. De repente, me cuesta mucho continuar. Mi compañero está más adelante, camina en silencio, apenas escucho sus pasos. Él conoce el camino porque lo ha hecho en otras ocasiones. Pero para mí es la primera vez y para proseguir sólo puedo seguir de manera intuitiva.

Con todo, estoy tranquila. Sé que mi compañero me avisaría si se presentara cualquier obstáculo. Me dejo ir y me sumerjo en la mágica atmósfera del bosque. A los pocos pasos, después de haber expresado interiormente mis dificultades con el camino y a seguir avanzando, me doy cuenta de que a mis pies aparece una luz, al principio la noto apenas con el rabillo del ojo. Me detengo sorprendida y, entonces, esa luminosidad se vuelve más presente. En ese momento observo que el sendero, a ambos lados, está salpicado de pequeños globos de luz, del tamaño de un nuez, colocados de manera simétrica y con precisión que me permiten ver el camino con toda claridad y perfección. La luz es de una cierta tonalidad azul, como la de las estrellas. Parecen minúsculas linternas. Su luz es diáfana. También advierto presencias amigables que me rodean. ¿Cómo puedo describir lo que siento y lo que estoy viviendo en ese momento?

He sentido que se me estaba ofreciendo un amor inmenso a través de un gesto, que aún hoy al recordarlo, me llena de emoción mientras mi corazón se colma de gratitud. Me siento conmocionada. Mis pies flotan, parece que ni siquiera tocan la tierra de tanta felicidad, alegría, que siento y que se expande. Camino ligera y veloz por mi vía luminosa. Avanzo rápidamente. Los árboles se apartan para dejar paso a la cima que se extiende en un altiplano de hierba. Mientras no dejo de avanzar y subir, dirijo una última mirada hacia atrás, a mi camino iluminado. Las luces se han apagado, el sendero está oscuro, ha regresado la oscuridad y el silencio de la noche cuando ya estoy en la cima y ya no me hace falta que me indiquen por dónde seguir. El bosque queda a mi espalda y la colina se recorta contra el cielo estrellado. Ya casi estoy arriba. Mi corazón se siente ligero y soy feliz. Aparece la luna, llena, radiante y perfecta. Es enorme. Creo que nunca había visto una luna tan esplendorosa ni tan grande. Parece tan cercana que podría tocarla con la yema de los dedos. Parece que sonríe, para mí, para todos y cada uno de los habitantes de la Tierra. En el cielo nocturno, su luz inunda el paisaje creando una atmósfera mágica de sombras azules y puntitos de luz que centellean vibrantes.

Región de Véneto
El hada de las nieves

Nieva de manera intensa desde el amanecer. Estamos en medio de un invierno gris y lluvioso. La nieve que ahora cae de un cielo de leche aporta un agradable cambio. Cuando nieva el aire es más terso y toda la energía se modifica ofreciéndonos la dulce vibración de la quietud. Los ruidos se apagan como si fueran sofocados por el silencio que acompaña a la blanca dama. Cada copo de nieve es grande y espumoso mientras se posa ligero sobre el suelo con la suavidad de una cándida pluma. Me da la sensación de que cada copo de nieve contiene un cristal de alegría. Dicha, quietud, silencio. Todo se cubre de blanco. Las formas puntiagudas se redondean, la aspereza del terreno se vuelve suave, los árboles se amamantan de un mágico velo que los hacen salivar de gusto. Los pájaros se callan cubiertos por su plumaje como bolas de algodón de azúcar y observan. Mi hija está en cama desde ayer con algo de fiebre. Hoy parece que se encuentra un poco mejor. Estoy sentada en la cama con ella, por la ventana de su habitación ambas observamos el mágico espectáculo que nos llena de inocencia. No hace viento, el aire está límpido, cristalino y frío. Como quiero abrir la ventana para que entre un poco de ese aire puro con perfume de nieve, cubro bien a mi pequeña abrigándola. Cuando abro el ventanal, el silencio penetra en la habitación encantándonos. También se cuelan algunos copos de nieve que caen al suelo formando diminutas lagunas.

Mi hija está feliz. En sus preciosos ojos negros se refleja la magia de la vida. Ella la está saboreando ahora mismo, la está reconociendo, la está viviendo. Un momento parece suspenderse del tiempo, un sonido atraviesa la inmovilidad reinante. Es un sonido que se parece al tintineo de minúsculas campanillas. Un halo de luz colorea el ambiente con tonalidades rosas y plateadas. Una pequeña hada se ha colado entre los copos de nieve. Tanto mi hija como yo nos damos cuenta de su breve presencia. El sonido permanece aún algunos segundos más para perderse en la lejanía unos instantes más tarde. El silencio inunda inmóvil el paisaje inmerso en el blanco sueño de la nieve.

Mi hija y yo nos miramos. No nos hace falta decirnos nada porque el aliento de la felicidad está en nosotras. Nos abrazamos. Y solamente ese abrazo tiernísimo puede igualar la belleza extraordinaria del instante que acabamos de vivir juntas.

Región de Lombardía
Las lucecillas y el elfo

Es la noche del solsticio de verano. Muchas personas se han acercado al lugar donde me encuentro para celebrar juntas esta noche mágica. Las flores de la primavera ya se han transformado en frutos, a los que el calor del verano los proporcionará sus perfectos sabor y forma. Para nosotros también, con el verano, se acerca el momento de recoger los frutos de la siembra en nuestra tierra interior que hemos preparado durante el largo período invernal. Todo cuanto ha germinado en la primavera ya lo hemos cuidado y lo hemos sabido hacer crecer. Nuestras esfuerzos así como los de la naturaleza se premian ahora con frutos abundantes, cargados de nuevas semillas y de nuevas oportunidades.

Aquí nos encontramos en un valle rodeado de bosques frondosos que recubren las cimas de los montes que nos rodean, como protegiendo la fragilidad del valle. Es un lugar cargado de vibraciones mágicas y energías muy antiguas. Es algo que se nota y se palpa en al aire, es como un aroma que se desprende de cada árbol, de cada riachuelo y de cada piedra que acoge al visitante que se acerca a este sitio especial. La magia presente transporta a cada persona de manera inconsciente a las raíces de sus memorias atávicas, a tiempos remotos en que su alma se imbuía de la dulzura de la comunión con la Tierra Madre. Más tarde, en la jornada, cuando la luz del día se apague en el abrazo con la noche, se prenderá una gran hoguera y alguien realizará un ritual para el solsticio. Es una oportunidad para estar juntos compartiendo alegría, compartiendo ritos de sabor muy antiguo y acompañando a la Tierra en su viaje cósmico alrededor de la estrella madre. Celebramos que la luz alcanza su clímax empujando la noche para volver a dejarle su espacio de manera sutil, poco a poco.

Me encuentro aquí desde la primera hora de la mañana. He podido tomarme mi tiempo para conocer un poco el lugar y saborear su atmósfera. Como ya he dicho, no soy la única aquí. Hay muchas personas y están ocupadas con las numerosas actividades ofrecidas por los organizadores del evento. Ahora es casi de noche y cada uno se ha reunido con sus amigos y conocidos en pequeños grupos para charlar sobre las experiencias que les ha regalado el día. La atmósfera general es agradable y relajada. Todos estamos esperando el momento en el que pasaremos de una estación a otra, atravesando un solsticio. Suavemente la luz rojiza del atardecer cede ante un violeta crepuscular y, mientras comienzan a aparecer las primeras estrellas, poco a poco, se hace de noche. La vegetación circundante nos regala sus perfumes, las flores descansan. Los pájaros también se callan después de su alegre concierto vespertino. La hoguera ya está preparada y todas las personas se han ubicado a su alrededor. El ambiente es expectante. Siento su energía y percibo una vibración diferente.

La hoguera se enciende, las llamas empiezan a hacerse visibles para transformarse en una grande, fuerte y poderosa. La persona que dirige el ritual guía a los demás con pasión y entrega. Se oyen gritos que me parecen más de euforia que de alegría y que empujan a los presentes a una emoción electrizante con la que no contaba. Me aparto, porque el énfasis desenfrenado que los seres humanos somos capaces de emanar en muchas situaciones me molesta mucho y cuando era pequeña llegaba incluso a asustarme. Acabo por apartarme del círculo alrededor del fuego. Me dirijo hacia una zona más oscura, hacia el bosque para estar inmersa en el silencio y la tranquilidad. Me siento a los pies de un árbol, pero incluso aquí estoy demasiado cerca y los gritos de la gente me llegan con toda claridad. En ese momento advierto que la energía del lugar donde me encuentro es diferente. Es una lástima que no hayamos permanecido conectados con la serenidad que había inundado toda la jornada y que la energía del lugar nos había regalado. Pienso en todo esto y en cómo lo damos todo por descontado. La gran mayoría de las veces las personas no se dan cuenta de que sus emanaciones energéticas y emotivas junto a sus pensamientos pueden contaminar las vibraciones más sutiles de los lugares en los que se encuentran. Mientras medito en estas cuestiones noto una pequeña luz que centellea a mi alrededor. Me levanto y la sigo hasta entrar en la zona más oscura del bosque. Allí hay un pequeño prado que he tenido oportunidad de visitar durante la mañana. Ahora está repleto de pequeñas luces. Son centenares de lucecillas. El espectáculo es maravilloso, extraordinario. Me siento absolutamente cautivada del mágico esplendor. Sin embargo, me doy cuenta enseguida de que algo marcha mal, hay algo que no va del todo bien. Las lucecillas están molestas. En efecto, su movimiento es extrañamente veloz y desordenado, como si estuvieran bajo el efecto de una pesada vibración que el grupo que se encuentra alrededor de la hoguera ha generado. Es como si hubieran enloquecido, y percibo de manera clara y fuerte sus sensaciones en mi interior. No sé qué hacer. De repente, aparece de la nada oscura del bosque un pequeño elfo, que irradia una luz intensa y de tonos azulados. Es realmente muy hermoso, de una belleza inconmensurable. Se acerca a mí, pasea alrededor de mi cabeza y lo observo extasiada. A continuación se une a las lucecillas, tal como haría un pastor con sus ovejas las ordena, las calma y acalla para conducirlas perfectamente hacia el interior del bosque, las aleja de lo que las molesta.

Estoy asombradísima. Una vez más, he tenido la gran suerte y el privilegio de poder observar el orden armónico que vibra en la naturaleza, donde todas las criaturas son cuidadas, guiadas y asistidas. Espero sinceramente y con toda la fuerza de mi corazón que un día todos nosotros volvamos a formar parte de ese mundo.

Cuando descubramos que somos en realidad los mayores responsables de nuestra separación de la armonía y del amor que tanto anhelamos, sólo la humildad de nuestra aceptación y el hecho de reconocer nuestro error permitirá que la naturaleza vuelva a abrir sus brazos para recibirnos como nuestra Madre Tierra. Ella siempre está dispuesta a hacerlo, somos sus hijos y nuestro regreso a su seno sanará todas las heridas y nos nutrirá para siempre.

Región del Trentino
La cierva blanca

Es ya casi el atardecer cuando llego a un claro en lo alto de la montaña después de haber seguido durante horas un largo camino que atraviesa el bosque. Estoy cansada pero contenta porque la excursión ha sido agradable y muy bonita. Me siento para disfrutar del paisaje y del momento que me regala el día. Los colores del cielo están transformándose, entrecruzando los hilos rosados y dorados entre las nubes. El perfil de la montaña se dibuja con la belleza austera de los antiguos y feroces guardianes. Estoy encantada. Las luces del crepúsculo comienzan a dar paso a la de las primeras estrellas. Contemplar todo aquello me subyuga, me atrapa. Fluyo con mi alma a través de la belleza de esos momentos mientras mi mente se calla descansando en algún rincón de mi interior. Cuando me vuelvo a poner en marcha para emprender el regreso, noto que la oscuridad se precipita y se vuelve densa. Después de pocos pasos ya no consigo dar con el camino de vuelta.

En ese momento acuden a mi mente las leyendas que me contaba mi madre cuando era pequeña. Y recuerdo especialmente cuando el protagonista, después de haberse enfrentado a innumerables peligros y hazañas, «camina, camina en la negra floresta y ve una luz a lo lejos». Cuando era pequeña, en aquel momento suspiraba porque la luz que veía el héroe, la cálida luz que se filtraba desde la ventana de una casa, lo guiaba hacia el descanso y a ser acogido después de las fatigas y el sufrimiento. Al final, por tanto, llegaba el descanso y el consuelo.

Pero ahora mismo, ¿dónde está el camino por el que he subido horas antes? No logro dar con él. Estoy definitivamente perdida. Y cómo me habría gustado encontrar la luz que me mostrara el camino de regreso de la misma manera que a los héroes de los cuentos de mi infancia. Justo en ese momento veo algo. ¿Qué es aquello que estoy viendo a cierta distancia y que tanto se parece a una pequeña luz? ¿Un cuento de mi infancia se está haciendo realidad? En ese bosque, en la noche oscura, una ligera luz aparece entre la vegetación y poco a poco toma forma. ¿Una cierva blanca?

Me quedo quieta. La cierva mira en mi dirección. Decido acercarme poco a poco. Me parece extraño que no huya. Pero continúo hacia ella. A medida que me acerco su luminosidad va en aumento hasta transformarse en un claro, como el que se forma alrededor de la luna en las noches en que está llena o completa. Estoy a pocos pasos de ella cuando en ese momento la blanca criatura desaparece por completo. Justamente allí donde estaba la cierva comienza el camino que yo había perdido y no podía encontrar. Ahora, gracias a ella lo he conseguido. Puedo volver a casa. Tengo el corazón lleno de gratitud. Yo también he encontrado mi lucecita en el camino.

Región de Lombardía
El canto de las ondinas

Es un día de sol al final de la primavera. El bosque está en todo su esplendor. Acabo de encontrar un riachuelo. Estoy descalza y apoyo los pies desnudos sobre la hierba que lo bordea. Siempre que puedo, y especialmente en el bosque, libero los pies de los zapatos. Me encanta la sensación de frescor y suavidad de la hierba bajo los pies. Puedo sentir la benéfica energía que brota de la tierra y que penetra los centros de energía del cuerpo que discurren como la linfa de un árbol. A cada paso que doy lo acompaño de una respiración profunda intentando entrar en sintonía con el ritmo de la tierra. Cuando inspiro recibo y acojo su corazón, cuando espiro le ofrezco el mío. Así, poco a poco, siento que entramos en una profunda comunión. Sigo la trayectoria del riachuelo durante un buen rato. Sus aguas son frescas y transparentes. Los rayos del sol que se filtran entre las ramas de los árboles lo iluminan y crean reflejos a lo largo de su trayecto. Son como tesoros de las hadas y el riachuelo es su guardián. Una rana de gran tamaño y de un hermoso verde brillante salta entre mis pies. Lo entiendo como una señal de que debo detenerme. Me siento mientras la rana mensajera de dos grandes saltos se pierde entre la vegetación. Mi mirada se pierde entre las espirales cristalinas de agua que corren a lo largo del cauce. Me encanta oír el murmullo del agua que corre, los acordes musicales de las gotas de agua, el sonido del agua al chocar contra las piedras, su fluir. La atmósfera es muy agradable. Me dejo acunar por la dulzura de cuanto me rodea. Percibo una ligera brisa que me acaricia la piel como un velo de seda. Cierro los ojos. Me dejo inundar por las sensaciones en ese momento tan pleno de vida. Mis sentidos sutiles se liberan y se expanden. También noto que se ha producido un cambio energético. Noto que algo ha rozado mi aura. Me sorprende. Algo me advierte de que dos mundos, dos dimensiones, se han tocado. Comienzo a oír un sonido. Es una melodía, un canto. Al comienzo es delicado, como si fuera un susurro. Luego va ganando en intensidad. Proviene del riachuelo pero también está a mi alrededor. Es una música muy hermosa y muy dulce. Suena también un poco melancólica. Comienzo a distinguir las voces que cantan en una lengua desconocida, con un tono líquido y transparente como el agua que la envuelve.

El canto me rodea por completo y abraza cada parte de mi cuerpo de tal manera que no puedo afirmar con qué parte lo estoy escuchando. La melodía y yo somos una. En tal estado de comunión, sé que se trata de las ondinas, las hadas del agua. Son ellas las que están cantando. La melodía se transforma en riachuelo y discurre como él alrededor de los árboles, de la hierba, de las plantas y de las piedras. En su curso lleva el don de la fluidez, del alimento de la simplicidad, de la ligereza, de la espontaneidad. Mis labios comienzan a moverse por cuenta propia imitando las palabras de las hadas del agua, como si las conocieran. Canto susurrando su música. Cantamos juntas y siento un amor puro que discurre a través de esa poesía hecha de sonidos musicales.

Entiendo perfectamente que las ondinas están cuidando la energía del lugar, transportándola hacia todas las criaturas que habitan en ese sitio. Siento cómo la armonía lo abraza todo, cómo penetra cada cosa. Y yo que he llegado hasta aquí sin saberlo, he recibido un regalo magnífico de belleza indiscutible a la vez que insuperable. No se puede describir. ¿Cuánto tiempo he permanecido aquí con los ojos cerrados? No puedo decirlo. No lo sé. Ahora se abren mientras el coro de voces se va alejando lentamente, de la misma manera suave y dulce en que han llegado.

La luminosidad del lugar parece haber cambiado. Ahora todo está más vivo, el verde de las plantas está iluminado. Los sonidos familiares de la naturaleza han regresado. Puedo oír el correr del agua que continúa su alegre curso, las hojas que caen de los árboles y las que se dejan acariciar por la brisa fresca como si le hicieran cosquillas, el batir de las alas de los pájaros al refrescarse en las aguas, el croar de una rana, el murmullo cuando salta. Luego la rana se detiene por un momento y, como una amiga cómplice, parece que me sonríe.

Región de Lombardía
A la búsqueda del lugar sagrado

Estoy aquí en este bosque para buscar el mejor lugar para un grupo de personas que participarán en un taller que he propuesto. Me acompaña un amigo a quien he pedido que venga conmigo en esta búsqueda. Me gustaría encontrar un lugar llano y bastante amplio en el que quepan todos los participantes y sería perfecto si además hubiera cerca un lugar más cerrado e íntimo entre los árboles.

Son las primeras horas de una mañana cristalina de principios del verano y todo presagia un día muy bonito. Mi amigo y yo recorremos sin prisa un estrecho sendero que no está señalizado. Los árboles dejan pasar el aire y amplios rayos de sol, la hierba ondea suave a lo largo del camino. El aire es muy puro y fresco, todavía se notan los aromas de la noche y el rocío. Da gusto respirar aquí. El lugar es hermoso, pero aún no consigo dar con lo que estoy buscando.

Poco a poco voy sintiendo la energía del lugar que se va imponiendo con su fuerza. Mi amigo también advierte algo, nota que alguna cosa está cambiando. Se detiene y me dice: «A lo mejor no encontramos lo que buscas porque eres tú quien debe dar con ello, sola, y no conmigo». Me doy la vuelta para mirarlo. Oigo su voz como si estuviera a un paso de mí, pero no lo veo. ¿Ha desaparecido? ¿Estará escondido? No es posible. No, no aparece. Y desde aquí se ven bien los alrededores porque los árboles no son tupidos y estamos en medio del prado. Puedo asegurar que oía sus pasos detrás de mí mientras me hablaba hace menos de un minuto. Lo llamo varias veces y no obtengo ninguna respuesta. Miro a mi alrededor una vez más. Estoy siempre en el mismo sitio. Siento la energía que cada vez vibra con mayor intensidad, algo similar sucede con los colores que se vuelven más vivos.

Como siempre cuando me doy cuenta de que las dimensiones más sutiles se vuelven más palpables, más visibles, mi estado interior, si bien me mantengo muy concentrada y alerta, vive el momento de forma natural, como si todo fuera absolutamente normal. Es sólo después, cuando la percepción de esa realidad tridimensional vuelve a ocupar su espacio, que me doy cuenta de lo que ha sucedido y muy a menudo me conmuevo y me sorprendo. Simplemente intuyo que con la «extraña» desaparición de mi amigo se me ha impulsado a buscar el lugar para dar con él a través de su radiación. Me interno en el bosque y es entonces cuando lo descubro, rodeado de una emanación de luz solar difusa y dorada, mucho más intensa que la luz que notamos normalmente y que, al mismo tiempo, parece que sale del interior de la tierra. Es un prado de forma circular rodeado por nueve árboles magníficos y tupidos, y allí también está el pequeño rincón que buscaba. Sé que es el lugar perfecto para el encuentro con el grupo de personas que llegarán al día siguiente. No hay ninguna duda al respecto.

Me quedo un rato contemplando ese lugar tan especial, cargado de las vibraciones de los devas que aquí viven. Comienzo con mi trabajo interior. Proyecto las imágenes de las personas que acudirán al taller y del trabajo que haremos. De esta manera los devas pueden comprender nuestras intenciones. Con mucho respeto, amor y dulzuras, les pido que estén presentes al día siguiente inspirándonos. Acabo y decido marcharme aunque con cierta desgana porque se está muy bien en ese lugar. Cuando regreso noto en el camino el momento del tránsito entre las dos dimensiones, dejo atrás la dimensión sutil y regreso a la solidez consistente que suele acompañarnos. Al final del camino está mi amigo:

—¿Pero qué te ha pasado? —me pregunta—, te he visto desaparecer y luego ya no te encontraba.

Él está realmente preocupado porque han pasado más de dos horas, en cambio, yo no he tenido la sensación de que haya transcurrido más de media hora.

—Pero es realmente increíble cómo nos hemos perdido —le contesto.

Por el momento no me atrevo a contarle todo lo sucedido y la verdad sobre nuestra experiencia que, aun siendo algo normal para mí, sé que no lo es para todo el mundo. Y además a veces no estoy ni yo misma del todo segura de lo que sucede en estas ocasiones.

—Lo siento, no quería preocuparte. ¿Sabes?, he encontrado el lugar. ¡Es magnífico!

Al día siguiente...

Las personas que acuden al taller se sientan alrededor del círculo, en el lugar que encontré ayer. En el centro coloqué una gran copa de cristal llena de agua. Preparo al grupo y todos y cada uno de los integrantes están bien sintonizados con la energía que emana de ahí. Finalmente, llega el momento de agradecer a las entidades de la naturaleza que hemos percibido y que nos han ayudado a realizar nuestro trabajo interior. Justo en el instante en el que cada uno se expresa de forma espontánea para agradecer a los devas y la Madre Tierra, un rayo de sol se refleja en el centro de la copa de cristal creando un hermoso abanico de luz. ¿Magia?

Suiza
El regalo de las hadas

Un sendero blanco y amplio bordeado de altos árboles conduce directo a una antiguo convento de frades. El bosque rodea el lugar, se extiende amable y protector.

Ya es de noche cuando una amiga y yo estamos recorriendo el lugar en silencio para disfrutar de la paz de aquel entorno. El convento ya no está habitado y solamente la iglesia está en uso. Aunque ahora mismo las luces están apagadas y nosotras estamos solas. Nos sentamos sobre un muro bajo de piedras aprovechando la luz de las estrellas. Este muro protege el edificio separándolo del bosque, así marca el límite de cada uno. Las dos nos quedamos absortas escuchando el silencio y sintiendo la paz alrededor. Percibimos también la presencia del lugar cargado de historia y memorias remotas. Ambas sentimos de una forma muy intensa que no estamos solas.

Los tiempos del pasado que se han superpuesto unos a otros sucediéndose en este lugar discurren veloces como una cinta grabada que se rebobina. Se suceden las imágenes, las voces, figuras vestidas de muy diferentes maneras se mezclan, se confunden y se dilatan hasta detenerse aquí y ahora en este momento, en esta calurosa y tranquila noche estrellada y silenciosa. Sólo se oye un único sonido, dulce como una gota de luna en el corazón, el canto rítmico de los grillos. Nuestra alma se expande en las armonías creadas y así es perfecto poder compartir entre nosotras lo que sentimos sin necesidad alguna de hablarnos ni de contárnoslo a no ser con los ojos.

Las vibraciones del lugar son dulces e insistentes y abren mi corazón queriendo expresarse a través de él. Nace un canto desde muy adentro, desde las profundidades del ser, que emerge entre los labios. Las notas de la melodía se entrelazan y se abrazan solas y de forma fluida, naturalmente, sin que yo agregue nada de mí misma ni con mi voluntad.

Canto para dar las gracias por los devas del lugar, cuya presencia he notado de manera especialmente intensa. A mi canto le acompaña el de mi amiga. Nuestras voces se unen, fluyen de manera muy bella, una en la otra como si se tratase no de dos voces sino de una única voz.

Mientras caminamos, o tal vez mientras el corazón canta con nuestras voces, la noche se hace densa y oscura. En el bosque aparece una pequeña luz de tonalidad azul, como una estrella pequeña que se detiene suspendida en el aire a pocos pasos de nosotras. Luego aparece otra idéntica, y otra, y una más. Son las hadas. Han llegado. Quizás han sentido curiosidad por el canto que les hemos dedicado.

Para mi amiga ésta es una experiencia extraordinaria completamente nueva. Para mí es maravillosa, como la primera vez. Estamos las dos felices como niñas pequeñas e íntimamente conmovidas por la inesperada respuesta. Ha sido un regalo de las hadas. Y siento que esta vez es para mi amiga, para mi amiga-hermana. A ella se le hace entrega de este precioso y delicado regalo como el pétalo de una rosa.

Las hadas se quedan con nosotras aún durante un tiempo. Después, una a una, de la misma manera que han llegado, las vemos regresar al bosque. Mi amiga y yo nos miramos. ¿Qué podemos decirnos? ¿Cómo describir con palabras lo que hemos visto y vivido en el alma?

Nos preparamos para regresar. Ambas estamos absortas y en silencio. Abandonamos el lugar donde hemos vivido un hecho maravilloso. Mientras tanto, la luna llena viene a nuestro encuentro, espiándonos entre las copas de los árboles.

Irlanda
La sinfonía de la floresta

Los árboles gotean por la lluvia que se ha interrumpido hace unos escasos momentos. El color de la vegetación es exuberante, como si la luz interior de una gema preciosa iluminara todo haciendo que las transparencias resalten. Entre las pinceladas de luces y sombras, el bosque está repleto de flores azules y musgo, es como si hubiera salido de un caleidoscopio de verdes cambiantes. Cada hoja y cada hierba están cubiertas de pequeñas gotas de la lluvia, brillan y vibran de vida. El musgo se extiende con su manto entre los árboles, como una colcha grande y que da calor, redondea las piedras y las recubre de verdes cojines creando un entorno suave que nos invita a que nos dejemos abrazar y proteger. Incluso la luz del cielo bebe del verde de la floresta que parece estar encerrada en una esfera de esmeraldas transparentes. Todo está inmerso en un verde silencio irreal, cargado de presencias invisibles. El único sonido es el de un hilo de agua que corre, escondido entre la vegetación, en algún lugar cercano. Me siento atraída por esa voz y la sigo para descubrir su cuerpo transparente que fluye ligero, regalando sonidos cristalinos en el aire. Su curso desciende de manera sinuosa y también gentil, se aleja del sendero y penetra en el corazón del bosque. Camino con él porque noto que me conduce a algún lugar especial. Esta floresta es hija de la antigua madre vegetal que hace tiempo recubría gran parte de Europa y está impregnada de su memoria. Cada árbol comunica al aura del lugar una larguísima historia de tiempos muy antiguos, cuando sus antepasados eran los amados guardianes del lugar.

El riachuelo me guía hasta el sitio que quería que yo conociera: una cascada que despunta entre el abrazo de dos rocas, de allí se lanzan a su lecho. En el lugar en el que las aguas se encuentran se ha formado una fuente natural redonda donde se reflejan las formas de los árboles que rodean la cascada como una corona. Sus frondosas copas otorgan al agua una tonalidad de un verde oscuro y profundo como si se tratase de un espejo mágico. Hay también algunas piedras blancas que aparecen salpicando esta superficie húmeda. Me quito los zapatos y muy respetuosamente, como si accediera a un templo, me meto en el agua y me siento sobre una piedra blanca y lisa, debajo de los árboles. Tengo la sensación de estar dentro de un vientre gigante y húmedo, que me acoge en su gruta cobijándome. Me dejo rodear por la ternura y me abandono. Emerge un sonido de una tonalidad sumamente profunda que siento con todo mi ser. Crece en intensidad y eleva las vibraciones de todo el lugar. Se desprende de los árboles, de las criaturas invisibles que los habitan para seguir expandiéndose a lo largo y ancho de toda la floresta hasta que toda ella vibra al unísono como un coro de voces profundas que confluyen, reencontrándose en diversas y variadas tonalidades. Es una sinfonía mística y maravillosa. Es el sonido que desprende la vida del universo y la hace brotar. Es el mismo sonido que escuchamos en el vientre de la madre y que se queda impregnado en el recuerdo del alma para reconducirla a su casa, a la fuente de donde ha nacido.

Frente a mi ojo interior discurre todo el tiempo que ha transcurrido. Puedo ver el nacimiento de la floresta y cómo se extiende desde siempre maravillosa sobre la tierra, puedo contemplar las imágenes de nuestro pasado que pasan en un hilo conductor de acontecimientos que se suceden, se cruzan y se entrelazan para separarse y que se vuelven futuro hasta nuestro tiempo actual y más allá, formando historias que aún no han nacido o que simplemente están esperando. Nuestra historia cantada por la Madre Tierra me parece como una pérdida continua. Junto a la floresta que se pierde siempre convirtiéndose en manchas más pequeñas se pierde una parte de nosotros. Es muy triste, es un sufrimiento que quema y que provoca el llanto del alma.

Siento un susurro interior que me dice que es el paso del tiempo. Y la voz continúa: «El paso del tiempo es una ilusión de la mente que se apega a la materia de los cuerpos, son imágenes de la conciencia y ella misma las crea y las cancela, las transforma, las recrea y las destruye. Nuestra esencia, lo que somos, es inmutable y el tiempo que pasa no tiene ninguna importancia. Un presente se suma a otro presente y es así cómo se origina el pasado, de la misma manera deviene el futuro. Sólo el instante es real, el instante que es el tiempo de suspensión entre una inspiración y una espiración, entre una contracción y una dilatación del corazón, allí donde descansa la conciencia del ser. Estamos viviendo en una aquí y un ahora, un continuo presente. Tú y yo, cada cosa y todo y cada tipo de vida. Nosotros estamos aquí en el presente y, a la vez, en cada instante del pasado y del futuro. Podemos preguntarnos dónde se puede encontrar la belleza. La respuesta es bien sencilla, se encuentra, en efecto, allí donde sea que sentimos amor. El amor se puede encontrar en la verdad. La verdad sólo puede ser hallada en ella misma, en la misma verdad. Está en todas las cosas. Está en el aliento que le da vida, en el sonido inefable que atraviesa el universo, en el alma eterna que canta más allá del velo del sueño de los hombres, más allá de sus pasajeros deseos. Está en la esencia en la que se revela el sueño del Único. Está en el instante que es la sustancia que genera las realidades y une la vida a la vida, el creador a lo creado, el soñador a lo soñado, el uno a lo múltiple, el padre a la madre y el hijo. La verdad es el amor y la belleza más allá de las posible sin interpretaciones. Es aquello que es esencial en lo efímero, lo inmutable en el movimiento. Es el silencio sagrado que se puede escuchar en la intimidad del batir del corazón. La mente es la que disecciona el pasado del presente para anticipar el futuro. Lo que nos hace sentir tristes es una imagen, una sensación que la mente cree que ha perdido. Sí, los humanos han perdido algo a medida que nuestras raíces han sido destruidas para tener más lugar. Los humanos han perdido y suspendido la memoria de ser parte de la creación, de ser mucho más de cuanto creen ser. Incluso en tales circunstancias podemos afirmar que todo estaba aquí desde siempre. La unión del hombre con la naturaleza permanece siempre viva en un plano de la conciencia. En su reverso sutil aún hay una floresta entera, y el hombre es aún su compañero y participa en ella. En el fondo, los humanos están realizando las experiencias acordes a sus elecciones y a su creatividad. Pero incluso también en el plano físico en el cual vivimos todos, nosotros también dependemos de nuestros cuerpos que son materia y allí sólo resta un instante de tiempo del infinito del desplegarse de la vida que los humanos llaman evolución. Lo que los humanos ven, en realidad, es lo que han pensado dando libertad al regalo de elegir. Y de la misma manera que tú existes sin tu cuerpo, también es así para nosotros.

¿Qué es el pasado al que tantas veces recurres sintiéndote nostálgica y que te pone triste, sino un hilo del ser de luz al que te quieres juntar? Hace falta un estímulo para volver a transportar a los humanos al presente de su conciencia, aquí mismo donde todos estamos ahora, para hacer que se reconsidere lo que ahora sí y a partir de ahora se puede elegir transformar. Cada instante es riquísimo en posibilidades. Es necesaria una profunda reflexión. ¿Qué es lo que los humanos quieren ahora en su vida? Ahora, no en el futuro, no en un mañana. Hay que pensarlo hoy, aquí mismo. Es así que cada instante se vuelve vivo y se renueva en cada uno de nosotros, con toda la belleza que es capaz de contener. Para los humanos ahora se trata solamente de crear una realidad diferente, de ser acordes con elecciones que vayan al ritmo de la conciencia que se está creando también ahora mismo. No se trata tanto de nosotros, sino de la felicidad humana».

Se hace un gran silencio a mi alrededor. La voz se ha callado. Pero solamente para dejarme sentir el sonido de otra realidad, que está aquí, justo aquí en este presente, de manera vibrante, vital. Basta con elegir sentirla. Desciendo hasta donde consigo llegar a la profundidad del corazón para encontrar allí algo que me resulta familiar. Lo que veo es el infinito. Me pregunto qué y quién puede obrar y crear una realidad. El punto de partida está aquí, justamente aquí donde nos encontramos en este mismo instante, en este momento. Se hace necesario, imprescindible, aprender desde el corazón y de la sabiduría y del amor que vamos encontrando paso a paso. Necesitamos aprender a ser lo que somos en el corazón. Y todo empieza en este instante que es la simiente de la floresta interior.

Miro a mi alrededor. Las lágrimas brotan de mis ojos sin que pueda hacer nada por evitarlo. No soy capaz de describir con palabras lo que estoy sintiendo porque es una absurda mezcla de sufrimiento y felicidad. Las copas de los árboles se reflejan en el agua oscura apenas movida por la brisa. El líquido espejo es inmóvil, está calmado y tranquilo. Sólo un leve sonido de gotas que caen una tras otra en un ritmo de sonido y silencio que se alternan, sonido y silencio... tal como sucede en el corazón.

Región de Lombardía
La fuente de cristal

Es un día frío y soleado de diciembre. Llegamos al valle con una amiga y su hija. Es un valle estrecho entre altas montañas, un lugar rico en agua con numerosas cascadas y fuentes que nacen entre las rocas. El aire golpea frío la cara y hay restos de hielo en las zonas más sombreadas del valle. El cielo es terso y de un azul intenso que suele verse solamente en los días claros de invierno. El sol inunda el paisaje, atenuando la sensación de frío que pone la piel de gallina. Estoy aquí para recoger un poco de agua de la zona ya que tiene una vibración altísima y muy pura, y para utilizarla en un encuentro de trabajo creativo que he propuesto. La energía del ambiente desprende ligereza, alegría. Todo es claro, diáfano. Nos sentimos rodeadas de una sensación protectora que cancela todo cuanto está fuera de este momento. En cada rincón de este lugar encantado se advierte la presencia de los espíritus de la naturaleza que procuran que se mantengan las frecuencias en perfecto equilibrio. Las pequeñas matas de hierba que cuelgan del borde de la cascada están congeladas y atrapadas entre estalactitas, parecen piedras preciosas de otros mundos. De cada trozo de hielo se desprenden pequeñas gotas de agua que se deslizan hasta caer provocando un suave tintineo de notas diversas bajo los rayos del sol que las hace brillar mágicamente. Toda la zona de la cascada parece cubierta por un manto bordado con diamantes. El agua de la fuente está muy fría, helada. Es limpísima y cristalina. Corre abundante y con fuerza entre las piedras, se detiene y luego sigue su curso por un riachuelo subterráneo hasta reaparecer en una pequeña cavidad azul que se ha ido excavando, gota a gota, a lo largo del tiempo en la piedra.

He traído conmigo el recipiente de vidrio para recoger estas aguas y además algunos cristales de cuarzo para que cada una de nosotras pueda ofrecerle uno. Nos colocamos frente a la cascada, absortas y concentradas, intentando sintonizar con sus emanaciones sutiles. La vibración de las aguas se hace más presente. El flujo de la cascada suena como un harpa tocada por dedos invisibles. Le pido interiormente un poco de su agua, de su linfa preciosa y le explico el uso que pretendo hacer de ella. Después depositamos los cristales en su cuenca y los dejamos allí para que ella los lleve donde quiera. Los cristales se hunden en la pequeña cavidad entre el azul no contaminado de sus aguas transparentes. Y, de repente, los devas se hacen presentes. Nos regalan arcoíris con los colores de sus radiaciones. Están alrededor de la cascada y también se vuelven uno con ella. Su forma es transparente y luminosa. Es difícil describirlos porque no se parecen a nada conocido. Las palabras limitan la belleza. Me doy cuenta de que soy la única que los ve porque mi amiga y su hija mantienen los ojos cerrados. Los devas sonríen y nos regalan sonidos armoniosos que se liberan en el aire y nos rodean abrazando la cascada y a nosotras. Yo sé que la niña puede sentir todo esto porque está conmovida y abre los ojos llenos de lágrimas de emoción. Su carita irradia alegría, tanta que me detengo a contemplarla porque es la expresión del amor transparente, espontáneo y sin reservas, como solamente el corazón de un niño sabe sentir y se atreve a hacerlo. La fragancia delicada de este amor comienza a circular entre nosotras, entre los espíritus del agua y nosotras, entre la cascada y los árboles y las montañas y cada criatura animal que descansa en su abrigo invernal. El sonido cristalino de la cascada es una vibración que se irradia con la luz. Las voces no tardan en hacerse oír con un nuevo mensaje sagrado:

«Cierra los ojos y deja la mente en silencio. Cada uno de tus pensamientos se pierde y se aleja dulcemente como un hilo de agua que corre entre las piedras de un río. Queremos hablarle a tu corazón. Es precisamente tu corazón el que espera un sorbo del agua del amor que queremos regalarte. Hay miles de cuevas secretas que se esconden en el vientre de nuestra Madre Tierra. En ellas las aguas límpidas y puras vibran con la luz para volver al camino solar, para fluir claras en el lecho de los ríos y los lagos, para descender en blancas y espumosas cascadas. Es el agua que los humanos solamente utilizan en su aspecto físico. La oscuridad de esas cuevas resuena en nuestros cánticos. Nuestras

voces se forman con armonías de luces que colman el silencio de quien sabe permanecer a la escucha. Nuestros cantos son energía de amor, de un amor que abraza cada cosa como si fueran hermanos y hermanas. Son vibraciones de los arcoíris. Cada gota de estas aguas encierra dentro de sí la esencia del sonido del color. Son éstas las aguas que queremos ofrecer. Son un regalo de nuestra madre Tierra al corazón de los seres humanos. Son esas aguas las que se atesoran en nuestros corazones. Y os las servimos desde nuestro corazón. Para acogerlas hay que estar preparados. Estas aguas traen un renacimiento y una sanación. Pueden curar cada herida, cada dolor, simplemente porque son las aguas de la felicidad. El alma las busca y las espera desde hace tiempo. Es necesario cerrar los ojos, descansar, dejar la mente en silencio y el corazón libre. Que nuestras voces puedan inundar las almas. Que nuestras voces colmen la memoria del sentir. Que nuestras voces donen la calidez del amor cada vez que se corra el riesgo de que pueda ser olvidado».

Región de Campania
La cueva de los gnomos

El momento que separa la vigilia del sueño, cuando nuestra conciencia ordinaria no está en activo, es una oportunidad para poder recibir mensajes que provienen de entidades invisibles, de nuestro ser o para que nos lleguen las imágenes y los sonidos que pueden ser captados de las frecuencias de un hecho que se esté desarrollando en alguna parte del mundo. Esto puede acontecer porque somos interdependientes y, lo sepamos o no, estamos siempre en contacto con redes de pensamientos y de emociones que tienen lugar en todo el planeta y que cada ser humano emana a cada instante sin importar donde esté o dónde viva. Este instante entre la vigilia y el sueño es como un puente entre dos ríos. Puede liberar sensibilidad psíquica que normalmente está apagada por las percepciones de la conciencia cotidiana que suele absorbernos por completo distrayéndonos y llevándonos lejos de las dimensiones sutiles.

La gran mayoría de las veces no somos conscientes de todo esto y nos dejamos deslizar ignorándolo por el sueño profundo y cuando nos despertamos no recordamos nada de cuanto hayamos podido ver o sentir, a menos que haya sucedido algo que nos haya llamado tanto la atención y lo hayamos vivido con tal intensidad que eso sí lo recordamos apenas nos despertamos. Es algo que sucede muy a menudo y yo misma puedo constatarlo cada día entre las personas que conozco. Sucede especialmente cuando el cuerpo está más cansado y tiende a arrastrar consigo los pensamientos, las vivencias, memorias y emociones del día.

Cuando descansamos la mente y reducimos su ritmo podemos expandir y aumentar nuestras facultades psíquicas y en tales condiciones somos muchos más receptivos. Cuando entramos en contacto con este otro tipo de experiencias sutiles, el tiempo no pasa de la misma manera.

En efecto, la frecuencia temporal es diferente respecto a la de la vigilia cuando la conciencia ordinaria está en activo. Así, el momento que aquí es sólo un instante, cuando la conciencia psíquica está vibrando, las horas y los minutos se intercambian sus roles, entonces el tiempo es relativo. Siempre se trata de un estado de percepción de la conciencia que vive sus impresiones de una realidad que discurre en un tiempo diferente y dicha percepción es estrictamente individual. Este cambio de percepción es muy similar al que puede ser inducido durante la meditación, la hipnosis, la contemplación, un momento de intensa emoción o los estados alterados de conciencia. Muy a menudo, nos encontramos en este nuevo estado cuando estamos a punto de dormirnos, es como si nos precipitáramos en el vacío y nos despertáramos con la sensación de que necesitamos agarrarnos a algo para no caer.

Una noche, era ya tarde, finalmente puedo irme a la cama después de una intensa jornada de trabajo. Ya casi antes de cerrar los ojos siento que me deslizao hacia el país de los sueños. Repentinamente, estoy en una habitación iluminada por una cálida luz difusa de tonalidad dorada. No se puede ver de dónde proviene la luz, parece que emane de la misma habitación. Me doy cuenta de que es una caverna de dimensiones amplias en la cual se pueden observar terrazas excavadas en diferentes desniveles. Sé de alguna manera que no tiene salida al exterior y que está en lo más profundo y escondido de la tierra. Veo un espíritu de la naturaleza que me da la espalda y se asemeja bastante a un gnomo. Está de pie sobre un montón de piedras, parece una tarima natural. Está hablando a un público numerosísimo de gnomos. En su voz se advierte un tono preocupado. Está hablando en una lengua que desconozco por completo. Pero sus palabras se traducen telepáticamente y me llegan de forma clara, puedo comprender así todo cuanto está diciendo. Está hablando sobre los humanos y sobre una urgencia planetaria. Somos nosotros los causantes de la situación. Está proponiendo que se tomen medidas y que se intervenga de manera decisiva y urgente. Es la única manera de poner remedio al desequilibrio que se ha generado. Es precisamente por este motivo que están todos aquí reunidos. Yo no siento que sus vibraciones sean hostiles, simplemente se sienten muy preocupados. Por sus vibraciones noto que sienten un profundo dolor porque seamos tan ignorantes y porque estamos destrozando el planeta. Entonces deja de hablar, se queda en silencio y noto que ha percibido mi presencia. Se da la vuelta y me mira directamente a los ojos. Yo no me esperaba para nada que él pudiera verme. Y, evidentemente, a él le sucede lo mismo. No se había dado cuenta hasta ahora de que yo lo había estado observando. La sorpresa es tal para ambos, tan inesperada y de tal magnitud, que los dos damos una salto instintivo hacia atrás del susto. Y yo vuelvo a encontrarme de repente que estoy otra vez en el plano de la conciencia ordinaria. Estoy completamente despierta.

Recuerdo aún los extraños sonidos de aquella lengua y no puedo olvidar todo cuanto he escuchado y su sentido urgente. Tengo la impresión de que llegué hasta allí sin ser invitada, fue algo que simplemente ocurrió. Sé que no lo he hecho yo ni que ha sido con mala voluntad. Sin embargo, me siento un poco culpable por la intrusión. También sé que nada sucede sin una razón y que de manera completamente insospechada me encontré en su dimensión porque sintonicé con su frecuencia. Seguramente hay una razón para ello, y ya lo he dicho que lo sé, pero no comprendo aún cuál es. Cuando llegue el momento el mensaje me será dado.

Me gustaría que todos pudiéramos estar abiertos a la idea de considerar la materia de nuestro mundo no como exclusiva sino como uno de los muchos aspectos de la realidad. Por esta razón cuando obramos en este nivel denso de la materia, de alguna manera repercute en los otros niveles que son más etéreos. Es como si tiráramos una piedrecita en un lago de aguas tranquilas y las ondas se expandieran de diferentes formas en círculos concéntricos. Si sometemos la importancia de la Tierra a nuestros deseos egoístas y la supeditamos a nuestra superficialidad, estamos alterando el equilibrio del plano material, la naturaleza y también afectamos a los demás planos, los más sutiles. Nuestro planeta es una entidad viviente con una conciencia propia. Nosotros, no nos quepa duda, recibimos la influencia de sus vibraciones, sean armónicas o estén alteradas. Cuando nuestro cuerpo físico se enferma, el malestar que sentimos repercute en nuestros pensamientos y en nuestras emociones. Eso es evidente. Somos complejos y eso nos altera. Nos esforzamos entonces para recuperar el estado de equilibrio y la armonía. Esto también le sucede a la Tierra. Lo creamos o no, lo queramos creer o no, así es. Cada vez que un estado de equilibrio se ve comprometido y en peligro, la Tierra busca la manera de restablecer su salud y encontrar la cura. Es un hecho de fácil y sencilla observación.

Cada aspecto de la realidad está en estrecha relación con los demás y forma parte de un todo global. Cada variación de una de las partes produce un efecto de reacción en todas las demás, sean perceptibles o no, podamos verlas con nuestros ojos en la conciencia ordinaria o de otras maneras con la conciencia sutil. La Tierra, este maravilloso planeta, nos ofrece la ocasión de poder vivir nuestra experiencia humana. La Tierra no está separada de nosotros ni tampoco del resto del universo. La inteligencia de la naturaleza se manifiesta en forma de gnomos, hadas, elfos y todas esas entidades que actúan directamente sobre los cuerpos sutiles de la Tierra. Cada uno de ellos obra para restablecer el equilibrio necesario en cada ocasión para que nosotros podamos vivir sobre este planeta. Yo sé, porque lo he percibido y sentido, que la labor de las conciencias de la naturaleza es incansable. Pero, a la vez, también resulta extenuante por la magnitud de los desequilibrios que estamos generando. No siempre los entes de la naturaleza consiguen repararlos a pesar de su sabiduría y su amor. Pero quizás sea justo que así suceda. Nosotros necesitamos crecer y no caben dudas a este respecto.

Región del Valle de Aosta
Los devas de la cascada

La cascada desciende amplia e impetuosamente desde lo alto de la cima de la Gran Montaña Blanca con un fragor inusitado. Es un espectáculo maravilloso. La cascada se precipita perfectamente vertical en su lecho espumoso, formando nubes de minúsculas gotas de agua. El sol se ha puesto hace poco pero su luz permanece todavía. Es verano y la noche tarda en llegar aquí alargándose en otras latitudes.

Estoy frente a la cascada. Es la dama de este valle de alta montaña. Detrás de ella, destaca un glaciar absorto en su propio silencio. Desde aquí la voz de la cascada se realza sobre la del bosque que planea por encima del valle recubriéndolo. La cascada pone en evidencia la fuerte energía de la respiración de la gran montaña.

A esta hora ya no hay nadie, solamente estamos mis dos amigos que me acompañan y yo. Éste es un lugar para volver a uno mismo. Parece recibirnos de buen grado retirando el mágico velo con el que protege sus secretos. Nosotros queremos subir a lo alto de la cascada o al menos hasta donde se pueda. Nos preparamos y empezamos la ascensión. La roca está húmeda y resbaladiza. El vapor de la cascada nos va refrescando mientras nos regala su sonido profundo. El color del cielo ha cambiado y ahora toma tonalidades violetas y lilas transparentes. El esfuerzo de la subida nos da energía. Estamos contentos como niños pequeños. Y nos da la sensación de que la cascada acepta jugar con nosotros.

Cuando hemos avanzado lo suficiente y ya hemos realizado más de la mitad del camino, nos detenemos para descansar un rato. Estamos completamente mojados. Desde la altura en la que nos encontramos, podemos admirar cómo cae el agua. Es impresionante. Continuamos y nuestros pies desnudos se adhieren a la roca mojada. Nos sentimos realmente frágiles y, en cierta forma, atemorizados por la fuerza de la cascada y la montaña. Su canto es ensordecedor y entra de lleno en mi corazón, violentamente. De repente, siento mucho miedo a caer y precipitarme en el vacío. Cierro los ojos para sintonizar con ella y calmar así los latidos acelerados de mi corazón. En ese momento y a través de mi inesperada agitación, percibo una sensación más dulce, es una vibración delicada. Me detengo a prestarle atención. Es una voz de timbre femenino que me llena de paz y advierto que posee una gran sabiduría. Quiere ponerse en contacto con mi ser interior y le susurra. Empieza a cantar una tenue melodía que se vuelve una canción de cuna regalándome la protección y la ternura de una madre. Mi corazón se inunda de su canto. Y, poco a poco, se va calmando. Acepta todas las posibilidades, todo cuanto ocurre en mi cuerpo, el hecho de que puedo caer o seguir escalando, que puedo precipitarme al vacío o no. Siento que la paz desciende en mi interior como una caricia de agua. Alcanzo a ver la caída de agua de forma diferente, puedo distinguir miles de colores y sonidos como campanillas de cristal. Abro los ojos y miro hacia arriba. El cielo está claro. En lo alto, justo donde nace la cascada, brilla con esplendor el deva del lugar. Es muy grande y se extiende por algunos metros. No consigo ver su forma ni adivinar su perfil porque su figura es muy alta y contiene mucha luz que brilla como los rayos del sol. A su alrededor se forman anillos de arcoíris de colores muy vivos e intensos que se expanden con un movimiento que recuerda los círculos que se forman cuando tiramos una piedra en el agua. Reconozco en este deva a la entidad que ha cantado para mí en mi corazón. No sabría decir cuánto tiempo exactamente ha durado esta visión, quizás se alargó en el instante que dura un guiño o la eternidad. Yo recibí toda su emanación de amor. Recuerdo, llena de agradecimiento, cómo grité un sonido, salió de mis labios sin que interviniera mi voluntad. Fue un sonido para su nombre y que jamás podré olvidar.

He vuelto en más de una ocasión a aquel lugar. Cada vez lo he hecho con una enorme sensación de gratitud profunda que no alcanzo a expresar completamente. Y he regresado allí siempre para dejar un regalo a los pies de la cascada. Se trata de una pequeña ofrenda, diminuta si la comparo con la magnitud de lo que recibí. Lo he hecho con todo el amor que cabe en mí y que soy capaz de dar.

Región de Umbría
Elfo del rovo

Estamos de lleno en el verano y he venido hasta aquí para pasar unos días en un centro de meditación. Cada tarde, después de las actividades grupales, siento la necesidad de alejarme para disfrutar de un paseo solitario por el bosque que se encuentra justo detrás del centro y se extiende por las colinas.

Estoy sola y percibo la quietud en mi interior gracias a las experiencias en el centro. Me siento agradecida al maestro, inspirador y creador de este centro, que ha hecho posible que un lugar así dedicado al trabajo interior exista en mi país. Me siento también ligera y sigo ágil la dirección que me marcan mis pasos, que me llevan directamente por el sendero del bosque. El sol resplandece con intensidad pero amigablemente, los árboles están llenos de pájaros que cantan. Siento que se acercan presencias y que su energía proviene de los matorrales. Tienen curiosidad por saber quién está entrando en su territorio, su bosque. Me detengo para que puedan observarme y decidir si me permiten seguir adelante o no. Mi corazón sonríe, mi alegría resulta evidente y se la transmito a ellos. Después de unos minutos me dejan pasar, tranquilos. Se cruza en mi camino una hermosa mariposa que revolotea a mi alrededor para después posarse unos metros más allá. Sigo adelante, parece que me espere. Cuando llego a donde estaba descansando, retoma su vuelo para detenerse más adelante otra vez. De esta manera seguimos juntas por el camino durante un largo rato hasta que llegamos a una bifurcación. Se distingue un pasaje estrecho que serpentea entre los matorrales y las ramas de los árboles. La mariposa toma esa dirección, se posa sobre una brizna de hierba y me espera. No dudo en seguirla. Veamos adónde me conduce. Nuestro juego continúa durante algunos minutos más hasta que desaparece tras una mata. Se ve otro sendero, más cerrado aún, en el que me interno apartando con dificultad las ramas de los árboles y la hierba alta. Al dar la vuelta, me doy de bruces con una pequeña apertura del bosque rodeada de matorrales espinosos muy altos. Parece que nadie ha pasado por aquí desde hace mucho tiempo. Estoy a un lado de la colina y desde aquí la vista es hermosa, el paisaje se domina abierto y verde. La mariposa vuelve a aparecer. Revolotea a mi alrededor y luego va en busca de las flores. Le doy las gracias porque me ha traído a un lugar en el que se está verdaderamente bien. Me siento a descansar sobre la hierba bajo la sombra. Dejo que mi vista descanse en ese mar de colinas suaves que se esfuman gradualmente en el horizonte, donde el resto del paisaje se vuelve invisible. Un ruido me hace girar la cabeza y allí, entre las hojas de un matorral, aparece un hermoso elfo de grandes ojos dorados. Me dedica sus palabras susurrándolas en mi mente:

«Siempre hay una razón detrás de las cosas. Prepárate para seguir tu corazón como lo has hecho para llegar hasta aquí. Encontrarás oportunidades de inspiración de la misma manera que este inesperado lugar se ha abierto a tu mirada después del esfuerzo que has realizado para abrirte paso entre las ramas y las espinas. ¿Qué te ha hecho seguir el vuelo de la mariposa? Es precisamente en el sueño del corazón que puedes volver a encontrar aquello que crees que te falta o que no tienes, la valentía de seguir los pasos que tu vida te sugiere y te invita a dar. Incluso cuando te das cuenta de que es más fácil o más conveniente detenerse o volver hacia atrás. A veces, regresar o detenerse no es una pérdida de tiempo o un reto, aunque en ocasiones te sientas sola o que los demás se separen de ti. Incluso en tales circunstancias hay que ser valiente. A veces es de esta manera cómo puedes encontrar la sabiduría que el camino tiene reservada para ti. No importa si la mente intenta convencerte de que no es así. Has de tener confianza en tu corazón».

Segundos después de recibir estas palabras en mi silencio interior, la mata vuelve a temblar y el hermoso elfo desaparece. Mi mirada descansa una vez más en el paisaje para posarse en la bruma que vuelve incierta la realidad de las colinas. Más allá de este delicado velo no se ve nada. Así viaja el corazón. Todo es posible tras la bruma y su velo. Es el horizonte invisible que marca la frontera entre nuestros miedos y nuestra valentía.

Región noroccidental de Francia
El gran deva del aire

$\mathcal{E}$stamos en los primeros días del mes de agosto y en esta región el verano se expresa libremente pero sin resultar pesado. El aire es templado y la vegetación se exhibe con colores brillantes en una notable variedad de verdes sin que los tonos ocres lo invadan como sucede en otras regiones más sureñas. Me hospedo por algunos días en una antigua casa de piedra que tiene el techo característico de la zona y que está rodeada de bosque. Los dueños de la casa se han ocupado del jardín con mimo y cada habitación está arropada por flores de diferentes colores. Me imagino que desde una colina todo se parece a la paleta de un pintor. El bosque está muy cerca. Es el refugio de animales salvajes, protegidos de la caza y libres. En estas condiciones los animales desarrollan un gran sentido de la curiosidad hacia nuestras formas de vida y, a veces, se acercan sin temor. Se me ocurre pensar en las veces que la espontaneidad no se presenta en las relaciones entre los seres vivos. En muchas ocasiones y a menudo inconscientemente se interrumpe el entusiasmo. Muchas veces se debe también a una mutua desconfianza o por una actitud defensiva. Pienso en cómo podría ser la vida de cada criatura de la Tierra si pudiéramos vivir al revés, dejando que cada uno encontrara en el fondo de sí mismo la sintonía que le permitiera conectar con el mundo, viviéndola y respetándola como una expresión sagrada que emana de nuestro Dios interior que se manifiesta en la individualidad de cada ser de manera única, irrepetible y sin que pueda ser ni clonada ni copiada. Pienso asimismo en la inseguridad que sienten los seres humanos, en la falta de confianza en uno mismo, en dejar de descubrir lo original en uno mismo para imitar al otro, en la inútil idea de juzgar mejores a los demás. Pienso en la libertad que nos negamos encarcelando nuestro ser entre las barras de las celdas de nuestros miedos.

Y pienso asimismo en la armonía que tanto descuidamos hasta hacer de ella algo más inconsistente que un espejismo. Mientras, siento cómo me acaricia el aire y cómo éste mima el brezo susurrando sobre la superficie del pequeño lago que descansa bajo la sombra protectora de los árboles que lo rodean. Allí me siento y escucho el efecto de mis pensamientos sobre mis emociones.

Pienso en el aire que está por todas partes, que colma los vacíos de la materia, que compenetra todas las cosas, las circunda, las sostiene y las nutre. El aire transporta los sonidos de nuestra voz haciendo posible la comunicación; el aire pasa a través de las palabras y de la sustancia etérea de los pensamientos. El aire es ese medio invisible que también canaliza las voces de los árboles, los insectos, los animales, el agua, el polen, los perfumes, los aromas… El aire nos permite escuchar. Luego pienso en cómo el hecho de poder escucharnos nos pone en contacto los unos con los otros, cómo nos permite relacionarnos. El aire es también alimento que tomamos a través de la respiración. Su movimiento tranquilo a veces y, otras, apasionado, lo llamamos viento. Hay diferentes tipos de viento y a cada uno de ellos le hemos dado un nombre, cada uno con características que le son propias y que inciden en nuestro humor de una manera particular. El aire es un elemento misterioso que encierra una esencia de libertad a la que aspiramos. No podemos aferrar el aire con los dedos, tampoco podemos limitar su libertad. La presencia del aire se hace más evidente a mi alrededor, sólo escucho mi respiración. Todo está suspendido de una aparente inmovilidad, por un instante se dilata fuera del tiempo, las voces de la naturaleza también están en silencio. Luego lo noto: a mi izquierda se encuentra una figura alta y etérea de un gran deva del aire. Está rodeado de espirales evanescentes de aire, transparentes y que fluctúan como el aliento del viento. De repente, improvisa una danza, un movimiento giratorio y me doy cuenta de que tiene un carácter alegre y benévolo. Parece muy consciente de sí mismo, conoce el secreto de la libertad que le pertenece. Su sonrisa emana una paz que se transmite hasta mi corazón. Se acerca. Siento cómo me abraza. Su cuerpo de aire rodea el mío y lo complementa. Enseguida estoy en su interior y pierdo el sentido de la densidad de mi cuerpo y, por un momento que se dilata en el infinito, me vuelvo de aire y percibo con todo mi ser su libertad. Me siento respirar en todo cuanto nos rodea, en el árbol, en las piedras, en el agua…, por todas partes donde mi percepción llega. En este instante innombrable el sentido profundo de la libertad se adentra en mi corazón, en lo más profundo. Mi ser es alegría absoluta y siento un amor indescriptible por todas las criaturas de la Madre Tierra. Me susurra que el mal no existe sino que se trata del uso erróneo que hacemos del bien encarcelando nuestra libertad, porque somos bien y lo poseemos. Su conciencia se comunica con la mía para luego, dulcemente, de forma más suave que un susurro, dejarme. Vuelvo a sentir la brisa, parece que la presencia se haya disipado en ella para jugar entre las copas de los árboles y con el agua del lago.

No puedo, y creo que a nadie podría, describir la riqueza de este encuentro, lo completo y absoluto de una experiencia de este tipo porque nuestras palabras no son las más adecuadas para traducir la intensidad de los estados interiores de nuestro ser. Cuando el gran deva me hizo el regalo de compartir una parte suya, nuestras esencias entraron en comunión y fue en ese estado que pude sentir y vivir la comunión con las demás criaturas, precisamente cuando nuestras existencias se reconocieron en un único ser. Siento que es éste el sentido profundo de la comunión, que multiplica exponencialmente la cantidad y la calidad del amor que ya existe en nosotros. Y es en este amor que está contenida nuestra libertad. La esencia de nuestra verdadera naturaleza está tanto en el amor como en el bien que reside en nosotros. Y nos hace falta casi toda la vida para conocerla poco a poco en su real magnitud y significado.

Cuando nos encontramos normalmente en la conciencia ordinaria de nosotros mismos, nos identificamos con nuestro cuerpo y con la idea que tenemos de nosotros. Pero así vivimos en un constante sentido de separación de lo que nuestros sentidos perciben como externo. Por regla general, nos encontramos y nos ponemos en contacto a través de nuestra personalidad y las máscaras que utilizamos. Cada uno tiende a defender la suya como si fuese la única. Esta limitada conciencia de lo que pensamos ser es la frontera entre lo que creemos ser y la libertad, porque más allá se encuentra precisamente la libertad. Cuando tocamos con nuestro corazón el de otra persona o el de otra criatura de la Madre Tierra es cuando vivimos la verdadera experiencia de la comunión. Y ello es posible a partir de las similitudes entre todos nosotros, de las cuales muchas veces huimos o, simplemente, optamos por desaprovechar. Para poder lograrlo es necesario que nos abramos al otro, que aprendamos a no juzgar sino a escuchar lo que vive en los demás. Así el ser vivo en ti se identifica con el ser vivo en mí. Entonces, ya no hay lugar para el miedo porque ya no hay ningún mal del que defenderse.

Cuando el gran deva del aire tocó mi corazón con el suyo, por un instante noté el residuo de un miedo, fue esa desconfianza innata con la que solemos pensar que nos protegemos tan bien. Reconocí en aquel atisbo de desconfianza que se trata del miedo a encontrar algo en mí que me habría empujado a ir más allá de mis fronteras, más allá de la fortaleza de mis seguridades. Pero me dejé llevar hacia el centro del corazón, o sea: el corazón del corazón. Allí habita el ser que palpita de amor y libertad. Luego reconocí que ese ser me pertenece, que es común a todos los seres y se encuentra en lo más hondo de cada uno. El amor está en mí y ha hecho que me abandonara a él para vivir una experiencia tan inefable. Con unión, la comunión nos reúne con la esencia de la vida que está en todas las cosas, en todas las criaturas, en cada uno de nosotros por igual.

Francia, en la región de Bretaña, en la floresta de Broceliande
El gran deva del agua

Estoy en el centro de una gran floresta, habitada por una mágica atmósfera en la que palpita el corazón de una antigua memoria que aquí se ha conservado y que parece susurrar en cada rincón. Es lo que queda del bosque que hace miles de años se extendía por toda Francia hasta cubrir amplias zonas del territorio europeo.

Camino entre árboles enormes de troncos recubiertos de musgo perfumado, con grandes copas cuyas ramas a veces descienden hasta el suelo. Es un bosque muy tupido, rico en toda clase de plantas, a veces no se puede ni pasar. Este magnífico lugar está muy bien protegido del deseo del hombre de posesión y así puede respirar tranquilamente, tanto que llega a parecer virgen e incontaminado, a pesar de que es un lugar concurrido por muchos visitantes. Me siento como si caminara en uno de esos bosques que solamente se describen bien en las fábulas y cuentos tradicionales.

Es una tarde de verano y el calor es húmedo, el aire está colmado de perfumes del bosque intensos y deliciosos.

Ahora soy consciente de ser guiada por fuerzas naturales que me empujan hacia el lugar que estoy buscando. Hay una fuente natural que se funde en un pequeño riachuelo y después de unos pocos metros se confunde en la floresta y se pierde de vista. En el tiempo de los druidas era considerada una fuente sagrada cuyas aguas tenían el poder de la sanación. Los árboles que la protegen son las verdes y admirables columnas de este templo de la naturaleza. Ya estoy cerca. La fuente tiene un aura azul que la envuelve. El sonido del agua es de notas dulces y delicadas, complementa el silencio místico del lugar y deja oír tonos diferentes que resuenan en el corazón como las cuerdas de un arpa. El chorro del agua está recogido dentro de un círculo de piedras que le conceden la forma de útero. Con una actitud de recogimiento, me concentro y percibo la presencia de los ángeles de la naturaleza, los devas del agua. Entro en comunión con ellos y rezo para que las aguas de sanación de la fuente puedan atravesar la tierra, regenerarla y hacer que cada cosa renazca hacia una nueva vida. Pido también que el agua que emana de su útero pueda mezclarse con los torrentes y los ríos, como una ofrenda de sanación para nuestra naturaleza humana para que así se cure de la locura y de la arrogancia con que trata a la naturaleza de su Madre Tierra. Advierto la presencia del gran deva del agua con mucha emoción. Ha salido de la fuente y me ha sorprendido. Está muy cerca de mí, tanto que me compenetro con su cuerpo de luz etérea y con su dulce amor, que emanan de esa maravillosa presencia de esencia femenina. El deva me indica que mire y abro los ojos. Lo que veo es mágico. El agua de la fuente está pintada de luces iridiscentes, los arcoíris de colores brillantes fluyen como hilos de agua suspendidos en el aire a algunos centímetros del nacimiento de la fuente, y luego se impulsan sumergiéndose en lo profundo de la floresta. Su voz me habla y la recibo como una promesa:

«Un día todas las aguas de la Tierra servirán para curar y sanar; en la danza de los elementos se manifiesta un orden de armonía absoluta ya que lo que está fuera es un reflejo de todo cuanto existe en lo interno. La belleza de la perfección existe siempre y es inmutable. Solamente aquellos que prestan atención a lo interno pueden conocer la belleza de la perfección sin interpretarla y viviéndola. El agua contiene en sí misma la vibración de todo los colores, como un prisma que cuando lo toca la luz revela el arcoíris. Son colores de luces que no se pueden captar con los ojos humanos. Son vibraciones armónicas que se acoplan a las de los seres humanos para educarlas, formarlas, transmutarlas y afinarlas. Piensa que cuando bebes un vaso de agua puedes entrar en ella o expandirte con ella, y entonces la sanación se inicia en dicho momento».

Quizás algún día cuando hayamos dado algún paso adelante en la comprensión del aspecto sagrado de la vida, entonces comenzaremos a renacer, cuando al menos estemos un poco más cerca de sentirnos los hijos de la Madre Tierra a cada paso que demos sobre ella. Pero no dejemos todo esto como una esperanza de futuro, esto es dejar las cosas para un mañana cuando, en realidad, podemos empezar ahora mismo. No es tan difícil dar el primer paso.

En breve, saldrá la luna de su escondite para iluminar la noche. Llena y fulgurante inundará este lugar único con su luz plateada, y la magia del milagro de la vida podrá cantar con las voces profundas de los árboles y de los animales, uniéndose a la del agua de esta fuente sagrada. El agua es un inmenso regalo de la Madre Tierra sin la cual no podríamos vivir.

En Italia,
en la región de los Alpes occidentales
El deva del fuego

La cima está inundada de la luz del sol en esta fría tarde a finales de octubre. Se celebra el fin de año celta. Llega un nuevo período que se abre en el corazón del otoño para avanzar hacia el invierno, la estación de la oscuridad y del retiro.

En la mitad de la rueda del ciclo anual, el otoño se enfrenta a su opuesto, la primavera. Son complementarios, el otoño conduce hacia el interior mientras que la primavera lleva al exterior. Y como su reflejo el otoño se viste de colores cálidos y ocres. Es como un último suspiro, como si quisiera hacer la promesa del futuro regreso de la vida y del despertar primaveral. También parece querer celebrar al mismo tiempo la alegría del retiro espiritual del invierno, la quietud del merecido reposo para regenerarse y cargarse de energía. La vegetación ralentiza el flujo de la savia en sus propias venas para acompañar el ritmo del corazón de la tierra que se hace a su vez más lento y profundo. Los árboles dejan caer sus hojas, las que les resultan superfluas, para dejarse envolver por el nuevo ritmo y dormirse. Poco a poco toda la naturaleza se retira en sí misma, dentro del vientre de la Madre Tierra donde se acoge para nutrirse, cuidarse y renovarse. Hace mucho tiempo, cuando los ciclos de nuestras vidas estaban en armonía con el ritmo de las estaciones, durante el invierno nos retirábamos a la calidez de nuestras habitaciones. La oscuridad y el sueño de la naturaleza favorecían nuestro reposo. Nos sentábamos frente a las chimeneas para escuchar las historias de los ancianos, contábamos nuestras historias a los niños para se mantuviera vibrante el hilo de luz que une el pasado con el devenir. Fábulas y leyendas que nos abrían la puerta a la llama de los valores que esperaban germinar en sus jóvenes corazones. Era la estación de la reflexión y para sembrar las nuevas ideas, dejándoles el tiempo necesario para prender en la mente hasta que las visiones pudieran volverse más claras e impulsar acciones más sabias y maduras para que más adelante se convirtieran en realidad. Nos guiábamos con el ritmo del corazón de la Madre Tierra en perfecta sincronía con cuanto ocurría a nuestro alrededor, respetando sus ciclos y los nuestros, como parte integrante de un todo. No es casual que los celtas hicieran coincidir la llegada de un nuevo año con el comienzo de la oscuridad invernal, en armonía con el inicio del ciclo de nueva gestación de la Madre Tierra. También es el mejor momento para gestarse interiormente. No podemos proyectarnos siempre hacia el exterior, pletóricos de actividad día a día durante todo el año. Ahora vivimos así. Nuestros inviernos son igual de activos que nuestras primaveras y veranos. No nos detenemos nunca. Estamos confusos y cansados. Hemos perdido el contacto con la armonía del mundo y el tiempo precioso para nuestra autogestación en la que poder regenerarnos, en la que nos otorguemos tiempo para observarnos y cuidar de nuestros descuidos durante el año, en la que reflexionemos sobre nosotros y tomar conciencia. Nuestros ritmos frenéticos nos separan del fluir vital del alimento regenerador con el que nuestra Madre Tierra siempre nos ha nutrido. Obteniendo esta sustancia casi exclusivamente de nosotros mismos, la fuerza vital merma, el cuerpo se enferma con mayor frecuencia y la mente se carga demasiado, produciéndose el estrés. Es como si estuviésemos aguantando la respiración. Hemos olvidado las leyes básicas de intercambio entre nosotros y el mundo. Éstas son mis reflexiones en esta solitaria tarde de octubre mientras espero que llegue la noche para encender el fuego.

Sobre la cima de la montaña el sol está descendiendo rápidamente. Todo está listo para la hoguera que se encenderá justo después del atardecer. Los leños están colocados en el centro de un círculo de piedra blanca. A mí me toca encender el fuego. Han venido muchas personas para atender el pasaje entre dos ciclos anuales y celebrarlo. Me tomo mi tiempo para buscar en mí lo que es superfluo y dejarlo marchar, de la misma manera que hacen los árboles con las hojas que ya no les sirven y caen. Y así podré y podremos los aquí presentes acoger con la mejor actitud la luz del nuevo año simbolizada por el fuego de la hoguera.

Según el pensamiento celta este momento coincide con la apertura entre los velos que separan el mundo visible del invisible. Este evento, por lo tanto, era también la ocasión para que las diferentes realidades del mundo se encontraran y permitirnos estar en contacto con las entidades invisibles de los antepasados, recibir sus consejos e inspiraciones para atesorarlos mientras se procedía a guardarlos en el encierro del invierno.

La noche está muy tranquila, no sopla el viento y puedo concentrarme. Ya estoy lista para iniciar el ritual. El fuego se prende y crece rápido. Las llamas serpentean y se reúnen dando vida a un único cuerpo de fuego. De repente, como impulsada por una bocanada de viento, una llama se dirige hacia mí y me rodea completamente. Por una fracción de segundo me convenzo de que yo también voy a prender fuego. Estoy dentro de las llamas, pero su calor no quema. Es una tibieza dulcísima que no se parece a ningún otro calor conocido. Siento la fuerza de la entidad de fuego que se ha manifestado. Es un poder que no había encontrado antes. Me siento acariciada por sus dedos de llamas en la cabeza, en la cara y en las manos. Me doy cuenta de su fuerza, generadora de vida y de transformación, nacimiento y muerte unidos en el mismo instante. Siento que el deva del fuego me quita algo y también me da algo. Retira de mí algo que ya no me pertenece y me devuelve algo que es parte de mí, pero que aún no logro reconocer conscientemente. Y después se marcha, vuelve a su lugar entre el círculo de piedras, en su forma visible y reconocida como llamas y fuego de una hoguera.

Me siento aún rodeada de la intensa y placentera sensación que su contacto ha dejado en mí. Estoy segura de tener la ropa y los cabellos carbonizados, pero no, estoy muy bien, mi piel está fresca como siempre y mis cabellos ondean al viento. Mi cuerpo está como antes y, a la vez, algo ha cambiado. Siento el calor de una nueva toma de conciencia que se abre camino dentro de mí. Aún es como una pequeña chispa, como un recuerdo que busca agarrarse para hacerse vivo. El cielo se oscurece, las primeras estrellas resplandecen. Tendré todo este nuevo año para comprender, para permitir que el misterio del fuego haga su trabajo en mí.

Un anillo de piedras
para albergar el antiguo arcano
de un fuego.
Vívida compañera
de la memoria del hombre,

la llama danza
marcando el ritmo del corazón.
La mente se calma
y el alma se libera en el silencio
encontrando la simplicidad sublime
de su naturaleza.
Lo imposible de la mente
se descubre como ilusión
y la verdad se revela
dulce como la primera miel de primavera.
En lo alto del cielo,
bordado de estrellas,
está el sombrero de un mago
puesto sobre las copas oscuras de los árboles.
Los átomos de cada cosa
en perfecta comunión.
Nada está mal
nada está bien,
sólo el puro encanto de la paz del amor,
el corazón del alma
de acuerdo
con el alma del mundo,
en los ojos,
el infinito.

Región de Lombardía
Un viaje astral
y el gran deva de la tierra

El aire es denso en el calor húmedo de esta tarde de verano y todo parece envuelto en una bruma perezosa y somnolienta. Estoy tendida en la cama para reposar un poco. Mis ojos se cierran bajo el peso de la atmósfera reinante que parece haber echado un encantamiento. Siento cómo me dejo ir. También noto la sensación de que estoy entrando en una realidad más sutil. Me siento llevar más allá de la densidad del cuerpo físico y con ligereza vuelo hasta encontrarme en un espacio etéreo, de un azul intenso y luminoso. Aparece un delfín que nada como si estuviera en el mar. Se acerca y me invita a seguirlo. Yo también nado en esa infinitud azul de un fluidez increíble y que no sería capaz de definir, pero que me parece un compuesto de agua y aire atravesado por ondas de energía transparente y globos de luminoso dorado. Mientras el delfín nada delante de mí, la luminosidad del elemento en el que nos encontramos se vuelve más clara y siento que estamos llegando a otro lugar. El delfín se va. Ahora estoy en un lugar iluminado por una energía cálida y dorada y se ve también un cielo azul celeste de un consistencia purísima y vibrante. Veo montañas que se perfilan contra el horizonte inmaculado. También veo florestas. Todo es de una materia desconocida para mí y con colores luminosos. Se acerca una presencia que difunde ondas de pensamiento de una sabiduría profunda y amplia. Cuando se manifiesta frente a mí y puedo verla, me siento confundida durante algunos segundos porque no reconozco la forma ni puedo definirla, nada es familiar.

Frente a mí está la presencia de una gran inteligencia, pertenece a la tierra y es un deva superior. Su cuerpo está formado por un conjunto armónico de formas geométricas. Es una estructura increíble y maravillosa de cristales de luz, de una transparencia y una pureza sin igual. Los cristales etéreos de su cuerpo emiten rayos de luz iridiscente que se reflejan en su brillo, iluminando con vibraciones de color dorado. Emana un aura como la de un sol, pero su luz no es cegadora. Estoy en absoluto silencio, admirando su belleza y completamente perpleja. Siento su voz en mí, la recibo como una cascada de cristales plateados. Siento que le divierte mi estupor, pero yo no puedo evitarlo. Sé que lo que estoy viendo es una dimensión sutil del planeta en el que vivimos y que el deva que estoy admirando tiene el objetivo de guiar a una multitud de devas de la tierra. Podría definirlo como un arcángel que guía y vigila la labor de los demás ángeles. Escucho atentamente sus palabras, mientras me dice:

«Los hombres tienen alas como los ángeles. Y como los ángeles están inundados de luz. Su esencia está compuesta de luz. No hay más que luz. Pero los humanos ven las sombras de las formas proyectadas a sus pies porque dan la espalda a la luz y la llaman oscuridad. Los seres humanos se nutren de ilusiones y se identifican con la aparente dualidad. Pero la oscuridad es solamente la otra mitad de la luz que aún no ha sido proyectada en la conciencia del hombre. Los seres humanos tienen alas como los ángeles, y como ellos saben volar en el espacio infinito del corazón, en el cielo terso de la esencia del amor y en la luz en la que aprenderán a reconocerse, cada vez más con cada batir de sus alas. Cuando las alas están mojadas por las lágrimas de los seres humanos, dejan de ser velos sostenidos por el viento que las transporta hacia las alturas. Son necesarias alas muy grandes para sostener el peso de cada humano que es tan incrédulo de su propio potencial. Los hijos del cielo y de la tierra tienen sus alas cerradas, dejando que el peso del mundo curve las espaldas. En su corazón los seres humanos creen en los imposibles. Necesitan abrir sus alas para permitir que el viento las seque hasta que puedan volver a volar».

Las palabras del deva recorren mi cuerpo quemándome como lágrimas de un dolor muy antiguo que no ha encontrado paz. Luego, me siento fresca y renovada, como bañada por la lluvia primaveral. Sé que nuestro encuentro no ha sido casual, porque obviamente no lo es. Ahora mi deber es aprender a fiarme del viento que puede secar mis alas para que yo pueda verlas otra vez desplegadas en toda su belleza. Nuestras alas se abren paso a paso a medida que volvemos a mirarnos a nosotros mismos, y al mundo con los ojos del corazón. Así, volveremos a sonreírnos como solamente el corazón sabe hacerlo, cuando conseguimos sentir la alegría de abrir la puerta del corazón sin temor a los ladrones, cuando recordamos las alas de los demás y compartimos nuestras alas con ellos. Ahora recibo su sonrisa llena de amor profundo como el cielo y, por un momento, veo sus ojos que me observan con una sabiduría que está más allá del tiempo y el espacio conocidos. Una fuerte onda de energía me toma mientras la visión se desvanece y me retiro hasta encontrarme flotando encima de mi cuerpo físico, tendido sobre la cama. Luego vuelvo a abrir los ojos como siempre. Han pasado solamente diez minutos desde que me acosté. Pero el tiempo transcurrido en esa otra dimensión de la conciencia a veces puede durar mucho y otras parecer demasiado corto. Fuera cantan las cigarras. Su sonido llena esta tarde. Me gusta su canto. En mi corazón y en mis ojos guardo imágenes inolvidables. Son sensaciones y sentimientos que no puedo olvidar ni olvidaré jamás y que se renuevan cuando me pongo a escribir. Me llevan desde el rincón de un pequeño recuerdo hasta el presente y llenan mi corazón de dicha.

Región de los Alpes orientales
Los devas de la noche de Navidad

$\mathcal{M}$e siento impulsada por un reclamo interior muy fuerte a retirarme en soledad durante los días que coinciden con las fiestas navideñas. Ha sido un año muy intenso de trabajo y sobretodo durante los últimos meses. Realmente necesito regenerarme, siento que una voz me lo pide, que me aleje un poco de las actividades cotidianas. En la solitaria compañía de mí misma puedo volver a encontrar la riqueza y la nutrición que necesito para seguir adelante y también para poder luego ofrecer y compartir con los demás lo ganado.

El solsticio de invierno ha pasado hace muy poco. Desde aquel momento la luz del día vuelve, lentamente, a ganarle a la oscuridad de la noche. Durante el amanecer del solsticio aparece una nueva vibración desde el nacimiento de un sol regenerado que viene para fecundar la tierra, estimulándola y nutriéndola, dando energía y alimento para lo que se encuentra en el vientre de la Madre Tierra. Mientras tanto, la luz del nuevo sol irradia fuerza espiritual a la materia para, a su vez, darle el aliento de la vida. La luz que regresa es un símbolo de la vida que vuelve después de la muerte y triunfa sobre ella. Se renuevan las esperanzas, surgen nuevas ocasiones y todo alcanza su horizonte y su punto álgido en la primavera, cuando la Madre Tierra pare los nuevos frutos. Así es hasta el verano, cuando los frutos ya maduros pueden ser recogidos.

Las fiestas cristianas han suplantado otras mucho más antiguas que celebraban los eventos cósmicos en relación simbiótica con la naturaleza. Con todo, su significado profundo no cambia y permanece sin alteraciones. En la Navidad cristiana se trata del nacimiento del sol crístico del niño Jesús que viene a encarnarse a este mundo para ofrecer el triunfo de la vida sobre la muerte del alma, que ha olvidado su origen divino, para despertarla a la fecunda primavera de la conciencia.

Cuando vivíamos en relación con la naturaleza y nos nutríamos exclusivamente de sus frutos, sentíamos de forma natural la necesidad de regular nuestros ritmos con los de la tierra. Para ello hacían falta conocimientos astronómicos de los ciclos solares que determinaban los cambios estacionales en relación a la rotación de la Tierra. Así se medía el tiempo de manera muy precisa para determinar la mejor época para sembrar, cultivar o recoger. También servía para calcular el tiempo de gestación de los animales o el más propicio para la nuestra. En esta relación tan simbiótica con la Madre Tierra éramos sensibles hacia nuestra esencia espiritual. Los momentos de transición y mutación de la naturaleza eran eventos directamente conectados con nuestra supervivencia, y también se celebraba lo sobrenatural y el espíritu eterno de la vida en cada cosa. Las fuerzas de la naturaleza se reconocían como expresiones de su poder, su amor y su sabiduría. Los lugares con una energía especial y con dólmenes, que todavía se utilizan hoy en día y están diseminados por diferentes zonas del continente europeo, son lo que resta de un antiquísimo saber de dimensiones increíbles en el que el conocimiento científico y el espiritual se daban la mano. En el mundo moderno el significado que atribuimos a la Navidad es un reflejo de lo que queda de la sabiduría y el amor con el que Cristo diseminó la humanidad, siempre consciente de que confundiríamos cada vez más la realidad espiritual con la material que se manifiesta en nuestra civilización.

La noche más larga del año acaba de ceder su dominio a la luz que regresa. Yo también busco entonces un poco de espacio en la soledad para hacerle sitio a luz. He encontrado una pequeña construcción de piedra, minúscula, sin agua ni luz, una casa casi abandonada que sólo cuenta con la comodidad de una chimenea en su interior. Está en medio del bosque a quince kilómetros del lugar habitado más cercano. Parece un refugio en la montaña. No tengo ni coche ni teléfono. He traído agua, queso, pan fruta del tiempo, mi saco de dormir y algunas velas. La casa está ubicada en un claro del bosque mientras que un bosque de coníferas la rodea por completo. Esta casa es como una diminuta perla blanca envuelta en terciopelo verde. La noche anterior a mi llegada ha caído nieve. El lugar es magnífico. Parece encantado y me inspira. Hace mucho frío, pero tengo todo lo necesario y la leña para hacer un fuego abundante. Quedan aún algunas horas para el atardecer y hay una luz preciosa porque el cielo está limpio y despejado, un verdadero cielo de invierno con sol, sin nubes. Tengo tiempo de explorar un poco los alrededores y familiarizarme con el lugar en el que me hospedo. Por el camino dejo algunas ofrendas como algo de fruta que he traído para las criaturas del lugar. La luz se va llenando tonos dorados. Ahora ya queda poco para que acabe el día, he caminado mucho, y me doy prisa en volver. He encendido la chimenea y me siento en el escalón de piedra de la entrada, justo en la puerta. Veo frente a mí la zona abierta y mas allá el bosque, el suelo está cubierto de nieve y contrasta con los perfiles oscuros de los árboles, su brillo blanco resplandece. La oscuridad se adueña del lugar rápidamente. Se van perdiendo los detalles de los árboles y la vegetación, sólo aparecen sombras y formas oscuras. Los cuerpos de los árboles, ahora inmersos en la noche, se funden los unos con los otros y dan lugar a ilusiones de nuevas formas, fantásticas, espectaculares, apenas visibles en el último y tenue contraste con el cielo. Llega el silencio, tan rápidamente como la oscuridad y se hace él también denso y profundo. El bosque, antes de una amplitud inconmensurable, ha sido tragado por la noche y ha desaparecido junto a la luz que se lo ha llevado consigo. Detrás de mí está la casita de piedra que ya debe de haber alcanzado la calidez ofrecida por la chimenea. Inesperadamente, un extraña inquietud se apodera de mí porque siento que estoy sola y no hay nada similar a mí, ningún humano en aquella oscuridad. Tampoco se oye ni una voz. Se ha borrado todo tipo de conexión con el mundo humano en muchos kilómetros. La única luz es la de una vela. Las puertas de los miedos atávicos se abren en la profundidad de mi ser y la oscuridad impenetrable da vida a siniestras presencias desconocidas. El miedo a lo desconocido de las antiguas memorias que habitan en algún lugar de mi inconsciente avanza a paso lento, la oscuridad ancestral encuentra la oscuridad que hay en mí, barriendo la conciencia de cuanto conozco o creo saber. Alcanzo una zona límite entre la conciencia y el terror. Me encuentro justo en el momento de transición hacia un nuevo nacimiento en esta dimensión cuando alcanzamos cuerpos y experiencia diferentes que se han renovado en la inmensidad del tiempo. Es justo el momento en el que el alma olvida, como le sucede cada vez que atraviesa el umbral que hay entre los dos mundos. Puedo sentir en mí la oscuridad que en aquellos momentos vive el alma y cómo duele profundamente. Comprendo que es esa oscuridad la que me da miedo, la de la pérdida de la memoria de la luz, el sentimiento de separación de mi patria divina. Es un instante eterno que cancela completamente el pasar del tiempo, mientras se abre paso la intuición que me señala lo absurdo de ese miedo a través de la vastedad del dolor que siento. La luz de la conciencia interior comienza a crecer hasta convertirse en radiante, al igual que la pequeña llama de una vela tiembla delicadamente y va creciendo. La luz se abre paso como el sol que sale y calienta el hielo. Reconozco en aquel terror el del alma en el momento en el que ha de adaptarse a un cuerpo en la materia. Es sólo una imagen, una ilusión que han creado las sombras de fantasmas interiores. Sólo entonces comprendo las razones de la nostalgia que me ha acompañado casi toda la vida desde muy pequeña. Siento que la turbación del alma se ha ido aplacando poco a poco al calor de una verdad que es, en realidad, muy simple y de una grandeza maravillosa a la vez. Poco a poco, recobro el sentido del silencio de la noche, el silencio apagado del bosque. Nada se mueve, no hay ruidos. Es como si la paz se hubiera posado en cada cosa. Sólo escucho el sonido profundo del batir de mi corazón, lento y regular. Y siento una alegría inmensa con la que abrazo este lugar iniciático. Enciendo las dos velas que he traído. Están unidas entre ellas por el cabo porque son velas artesanales hechas a mano. La llama se desliza por el cabo que las mantiene unidas y luego se divide en dos llamas gemelas. Observo con atención todo el proceso de la llama que se ha dividido. Recuerdo el significado simbólico de todo esto. ¡Ni que hubiera sido hecho aposta! Ofrezco la luz de mis velas a la oscuridad de esta noche especial y también a los ángeles, a los devas del lugar, a la conciencia de todos los seres minerales, vegetales, animales y humanos. Puedo ver un árbol en el centro de la llanura donde me encuentro a través del círculo de luz de la llama de una de las velas. Me acerco hasta él. Me llama la atención su belleza y la ligereza de su corteza, que es muy brillante, casi tanto como una perla. Noto que me invita a sentarme a sus pies. Sus ramas se mueven aunque no hace viento. Puedo notar la tibieza de su cuerpo y su solidez contra mi espalda. Me inunda un sentimiento de gran dulzura que emana de todo su ser. El cielo está lleno de estrellas resplandecientes, son grandes y centellean sin parar. La temperatura debe de ser de algunos grados bajo cero, pero yo no tengo mucho frío. Me siento abrazada por una muy agradable bola de calor suave. En lo alto, en la límpida noche invernal, puedo ver los cuerpos luminosos de los devas del lugar flotando. Su energía anima las vibraciones de este espacio. Su belleza es embriagadora. Pasan rápidos y ligeros, rozando la cima de las copas de los árboles y dejando atrás halos fluorescentes de una luz brillante y azulada. Empiezo a sentir mucho cansancio y la necesidad casi urgente de dormir. Dejo con desgana el lugar donde estoy, me gustaría seguir contemplando estas maravillosas criaturas y la calidez del árbol blanco. Me levanto y entro en la casita. Mientras mi cuerpo se desliza hacia el sueño, feliz como una niña pequeña, noto aún las presencias etéreas de los devas que se están moviendo a mi alrededor. Me dejo ir agradecida por el recibimiento de esta oscuridad nocturna que se ha transformado en el abrazo materno de la Madre Tierra, en la cual mi alma quiere permanecer y no tiene ningún motivo para huir.

Me despierto con los primeros rayos de sol que se filtran por la ventana. Me siento perfectamente descansada y recargada de energía. Mi primer pensamiento del día es salir a verlo. Hay hilos de nubes de color rosa en el cielo al fondo de bosque que ha vuelto a hacerse vivo con todo su esplendor. Miro en busca de mi árbol blanco, pero no lo encuentro. ¡No está! El espacio que se halla frente a la entrada de la casita está vacío, solamente recubierto por un manto de nieve en el que aún se divisan los restos de las huellas de mis pisadas. Intuyo que el árbol blanco, al igual que los devas, es parte de la dimensión más sutil. Sin embargo, no deja de asombrarme la percepción de la solidez material que sentí al recostarme sobre su tronco. No dispongo de explicaciones racionales para lo ocurrido. Solamente sé que ocurrió. Vuelco el agua que he traído y que está helada sobre un lavabo de piedra en el exterior de la casa. Me lavo la cara, la sensación es maravillosa. Tengo la impresión de que podría vivir así, en un lugar como éste, sin necesidad de todas las cosas con las cuales me rodeo y con las cuales vivo día a día y que ahora me parecen tan poco importantes. Aquí me siento más libre, feliz y agradecida de haber renacido en este nuevo día. Es la mañana de Navidad y me siento en comunión con todas las criaturas vivientes y con cada cosa que se encuentra a mi alrededor.

Región de Trentino
La guardiana de la fuente

Son los últimos días de septiembre. Hace poco el equinoccio de otoño señalaba el paso entre dos estaciones, en perfecto equilibrio entre la luz del día y la de la noche. El verano ha sido húmedo y nos ha traído muchas lluvias intermitentes, los prados están aún muy verdes. El aire es cálido, agradable e invita a dejarse llevar por la atmósfera indulgente y relajada de las vacaciones.

He de tomar una decisión muy importante y necesito claridad mental. Por eso estoy estudiando retirarme durante los tres días que me quedan de vacaciones. Un lugar en la montaña sería lo ideal. Conozco un sitio que me gusta mucho, creo que puedo volver y que allí encontraré el silencio y la paz que necesito para reflexionar. Siempre es en la naturaleza donde suelo encontrar lo que me ayuda a inspirarme. Y es de ella que me dejo influenciar con gusto, sin resistirme. No interfiere con mis pensamientos, ni los molesta como el ruido de la ciudad. La naturaleza escucha mis dudas sin pontificar, no pierde la paciencia dándome prisa. Es, en definitiva, ideal para que yo pueda concederme un respiro. Lo necesito para encontrar la claridad de mente que requiero, para calmar las emociones confusas que acompañan a los momentos en los que hemos de tomar una decisión.

He venido a refugiarme en su abrazo, siempre me ha acogido con amor, con el amor que no pretende nada a cambio por lo que ofrece. He traído lo imprescindible y me he permitido la única distracción de un libro. Mi intención es pasar todo el día en la naturaleza y en el bosque, el alojamiento me servirá solamente para pasar la noche. Me he organizado con los mínimo y deseable para llevar conmigo la comida y la cena. Cuando hago este tipo de inmersiones en la naturaleza, la necesidad de comer baja a niveles insospechados. Creo que se debe a que en esta condición se favorece la elevación del espíritu y el cuerpo físico puede recibir y beneficiarse de una cantidad más refinada y nutriente del alimento sutil llamado prana, el cual nos otorga la energía vital que necesitamos. Además, la actividad mental, menos influenciada por las ondas eléctricas del pensamiento ordinario, consume menos energía vital.

Este lugar es espléndido en cualquier época del año. Lo he visto con nieve y hielo, he estado en él cuando está repleto de flores de miles de colores, lo he visitado cuando en otoño se tiñe de los amarillos y naranjas de las encinas como encendido en llamas contrastando con la oscuridad de las coníferas. He presenciado cuando se vuelve sutil y casi desaparece entre la niebla espesa y blanca. He contemplado sus noches encantadas de luna llena, durante amaneceres y atardeceres, atormentado por el viento o golpeado por las lluvias incesantes. Me gusta siempre. Mantiene en cada instante su maravillosa belleza intacta y la muestra en sus todas sus variantes, cada una con un carácter único. Percibo que este lugar emana una energía que es al mismo tiempo joven y alegre, vieja y sabia, expansiva y misteriosa, dulce, acogedora y mágica. Se caracteriza por una vibración de esencia femenina. A menudo, recibo esta impresión de los lugares de la tierra, se me aparecen con un carácter y diferentes expresiones de energía que, a veces, puede ser masculina y otras femenina y que en muchas ocasiones pueden explicar la idiosincrasia de la gente que habita en tales regiones. No siempre los lugares por los que pasamos o en los que vivimos están en sintonía con las frecuencias que emitimos individualmente, lo cual provoca que estemos a disgusto en un lugar sin que la mayoría de las veces sepamos el porqué. En otros, en cambio, nos sentimos perfectamente y en armonía con el entorno. A menudo, los sitios con energía femenina de la naturaleza se caracterizan por la presencia de aguas dulces como las de los riachuelos, cascadas, lagos y fuentes naturales. No es casual que en ellos las divinidades femeninas estén más presentes. Hace tiempo se las consideraba como manifestaciones de la diosa madre y cuando llegó el cristianismo, estos lugares se vincularon no ya a estas diosas sino a las apariciones marianas. Aunque con creencias diferentes, estos lugares han mantenido desde hace miles de años su naturaleza femenina acogedora y sanadora.

Me interno en el bosque con la intención de alcanzar un lugar en la zona más alta que aún no he podido visitar. Me dirijo al sendero que sube sobre un lado de la montaña. Mi meta es una pequeña iglesia románica construida hacia el siglo XI, justo en la cima de esta parte de la montaña. Los árboles que se encuentran a uno y otro lado dejan entrever sus raíces que se cruzan una y otra vez como si quisieran formar cuadros escoceses. Pero, a veces, el sendero da un giro sobre una curva y se abre al espectáculo del paisaje regalándome el horizonte boscoso entre cimas recortadas contra el cielo. Parece que este lugar no es muy frecuentado a juzgar por algunos troncos viejos de árboles caídos desde hace mucho tiempo y que nadie ha recogido. Ya veo la pequeña iglesia. Descansa sobre un prado de hierba y no es más grande que una capilla. Está en ruinas. El exterior de piedra clara está en muy malas condiciones y el interior, aún peor. Seguramente, nadie se acerca desde hace muchos años a este lugar. Con todo, es muy hermoso y parece aún más silencioso que el bosque de más abajo. El sol está empañado de una sutil bruma que pinta de azul los perfiles de las montañas. Da la sensación de ser un lugar ubicado fuera del espacio y el tiempo. Me siento sobre la hierba suave con la espalda apoyada sobre un árbol, justo delante tengo la iglesia. Escucho atentamente la energía del lugar. Aunque es por la mañana muy temprano, el aire es agradable y me invita a descansar. Todo está envuelto por una extraña quietud. No se escucha ni el canto de los pájaros. Cierro los ojos para buscar la comunión interior con el lugar. Comienzo a notar algunas interferencias en la calma que no consigo descifrar. Poco después, la energía que me perturba se hace mucho más fuerte y reconozco la llamada de una entidad de la naturaleza. Me abro a ella desde mi corazón para favorecer el contacto. Siento una voz que telepáticamente se comunica conmigo pidiéndome ayuda. Capto su sufrimiento y su tristeza. Cuando le pregunto por el motivo, me explica que hace mucho tiempo, antes de que se construyera la iglesia, este lugar estaba consagrado a la Diosa Madre. Una pequeña comunidad oficiaba rituales en una fuente que nacía entre las piedras. Ella, la entidad que me estaba hablando, había sido invocada para custodiar dicha fuente. Desde entonces se ha mantenido fiel a su propósito, aunque mucho después otra comunidad erigió los muros de la iglesia y cerró el flujo del agua de la fuente. La iglesia estaba justo encima. Y la entidad se ha quedado atada a un deber que no logra comprender y por eso está bloqueada. Ni por su propia naturaleza ni tampoco tomando la iniciativa no puede abandonar sus funciones y dejar la fuente que ya no existe. Permanece prisionera de su fidelidad y no puede volver junto a los suyos. Me pide ayuda porque, dado que pertenezco a la comunidad humana, puedo darle la orden de desentenderse de su deber. Yo quiero ayudarla, peor no sé cómo ni cuál es la mejor manera, no creo que baste decirle que se puede marchar. Pero ella insiste en que me ha llamado porque yo sé cómo ayudarla y que solamente se trata de que yo recuerde lo que ya conozco. ¿Seguro? Creo que se equivoca. Pero mi deseo de liberarla es más fuerte que mis dudas. Respiro profundamente y entro en el espacio de mi corazón. Después, poco a poco, me voy dando cuenta de que es posible que la entidad tenga razón hasta que recuerdo qué tengo que hacer y la libero. Siento su alegría infinita y el inmenso amor que se desprende de ella, su gratitud me abraza. Yo también le estoy agradecida por todo lo que me ha ofrecido. Pero antes ella me dice:

—*Ahora ya te puedes ir, la iglesia será restaurada, los trabajos se iniciarán en breve y el agua de la fuente podrá fluir libre en el corazón de la montaña.*

La energía se ha modificado y ahora se escuchan los cantos de los pájaros. Lo sagrado en este lugar vibra de nuevo y confiere una atmósfera sutil de dulzura y serenidad.

Un año después de esta experiencia regresé a este lugar para disfrutar otra vez de su tranquilidad y su quietud. No había vuelto a recordar lo que había sucedido con la guardiana de la fuente hasta que empecé a subir por la montaña y recordé el sendero. Para mi grata sorpresa los trabajos de restauración de la iglesia estaban en pleno apogeo. Un año más y la habrían acabado. La pequeña iglesia era realmente hermosa. En su interior había un altar de piedra muy sencillo en el que se alzaba una cruz de madera. Se respiraba un silencio místico. El espíritu de la fuente que había pedido su libertad pudo empezar a disfrutar de su propia fluidez y libertad. Espero que por fin se haya reunido con su familia de luz. Ahora este lugar tiene una vibración que se renueva constantemente a medida que el lugar va cambiando. Un día, cuando la iglesia esté acabada, quienes se acerquen hasta aquí podrá sentir esta energía sutil y benéfica y dejar que sus corazones se hinchen de ella. Un poco más abajo, escondida detrás de una losa de piedra del suelo está la fuente. Ahora le toca a ella. ¡Quién sabe cuando la volveremos a ver!

En los días siguientes a aquella experiencia en la que me encontré con la guardiana de la fuente y su liberación, mientras aún disfrutaba de mis días de retiro y reflexión, recibí la inspiración que necesitaba para tomar una determinación clara con respecto a un asunto importante en mi vida. Y creo que algo también me lo sugirió la dulcísima guardiana de la fuente.

Región de los Alpes occidentales
El deva de la montaña

La blanca señora de la roca se erige imponente en todo su esplendor frente a nosotros. El cielo de una noche límpida de finales de agosto le hace de capa, como la de un mago, esparcido de estrellas. Y ella, la Gran Montaña, se desvela mágica y misteriosa guardiana de los secretos que sólo puede mostrar a unos pocos. Estoy con un grupo de amigos. Nos hemos acercado a la entrada de una gruta que se encuentra en el corazón de la montaña. La entrada es bastante baja y desde allí se puede escuchar a lo lejos el agua de la fuente subterránea. Dentro el aire es denso, con un cierto sabor a hierro, el vapor parece adueñarse del oxígeno. Me detengo un momento, no estoy muy segura de si debo proseguir o no porque a veces aún siento miedo a los espacios cerrados, en los que tengo la sensación de no poder respirar. Así que me tomo un momento para calmarme, respiro lentamente y luego sigo adelante por el estrecho pasillo intentando alcanzar a mis amigos que se me han adelantado. De repente, frente a mis ojos, se abre el telón de un espectáculo inesperado, me encuentro al borde de una cavidad esférica en la que hay un lago de agua caliente y clara, allí pueden caber tranquilamente unas diez personas. Mis amigos y yo no somos tantos. En el fondo de esta nueva cueva está la fuente de la que emana toda esta agua, allí salen vapores que se vuelven densos hasta formar una pequeña nube húmeda y perfumada. La cueva realmente parece un huevo por dentro, sus paredes son muy lisas. El techo es redondo y se encuentra a unos metros de nuestras cabezas y hace que el sonido de las aguas se reflejen y repita en ecos. Nos iluminamos con una vela, su llama se refleja sobre las paredes con rayos dorados bailando alegres. Entra una bocanada de aire y la vela se apaga. Ahora estoy inmersa en el agua, en su placentera tibieza. Siento bajo mis pies las piedras suaves y resbaladizas. El agua acaricia mi cuerpo y su sonido, nuestras respiraciones. La oscuridad es total y completa. Ninguno de nosotros se atreve a hablar para no romper esta intensidad, para no interferir con la energía de la montaña que transpira desde cada una de sus piedras, sus moléculas; sus elementos se hacen cada vez más palpables. La oscuridad es tan densa que me hace perder la conciencia del espacio y del tiempo. Estoy en el corazón de la Gran Montaña. Su enorme cuerpo me traga. Por un instante vuelvo a pensar en el peligro. ¿Habrá bastante oxígeno? ¿Y si se produjera un derrumbamiento? La presencia de la montaña es sólida y compacta, enseguida se me olvidan mis ocurrencias. Ella me protege. Me siento pequeña y humilde frente a su poder y le pido ayuda. Casi inmediatamente advierto un cambio en las energías, es apenas perceptible. Es una esencia, una presencia de aire que se acerca a mí, se coloca justo delante y siento su respiración en mi nariz. Es un aire fresco que entra por mi garganta y me abre los pulmones para que los pensamientos negativos se disipen y vayan a caer lejos hasta que se pierdan. Siento una serena conciencia muy alerta sobre este momento, lo irrepetible que es y cómo el presente ocupa el lugar que los pensamientos han dejado libres. La montaña blanca se ha convertido en mi madre y yo estoy inmersa, recogida en el dulce equilibrio de su útero. Siento una beatitud incomparable. La oscuridad benéfica que me rodea me acuna con su paz. En esta oscuridad hay espacio para el silencio de la mente. No necesito pensamientos. Puedo vivir en la paz de dejarme curar y nutrir, fiándome completamente. En mi corazón nace una dulce emoción que necesita expresarse y las lágrimas comienzan a descender por mi cara, tibias y acariciándome, liberando una profunda gratitud por sentirme acogida y cobijada de forma incondicional en brazos de una amor infinito. Estoy en el vientre del espíritu femenino, en el vientre de la gran montaña, en el vientre de la tierra, estoy en el vientre de la mujer que me ha dado a esta vida, estoy en el vientre eterno de la Madre universal, estoy en el vientre fecundo de todas las mujeres, estoy en el vientre de todas las criaturas femeninas de la tierra que albergan otras vidas y siento mi vientre que acogió otra vida, la de la hija que parí. Sé que el milagro inefable de la vida se dilata de manera inconmensurable, más allá de toda comprensión. Mi cuerpo sutil se desliza fuera del cuerpo físico y me encuentro en la vastedad estrellada del universo. Siento los mundos y las estrellas, inmensos y brillantes, consciente de su existencia.

Siento el batir del corazón de la Madre Tierra y su ser consciente y pródigo, que entrega sus criaturas a la vida, respondiendo a las leyes universales de la creación, en perfecta armonía con ella. Y yo, hija y madre al mismo tiempo, vivo la indecible alegría de ser.

Una vez transcurridos los instantes de un tiempo que ya no se cuantifica, siento cómo vuelvo a descender suavemente en el cuerpo físico y vuelvo a la tibieza del agua que canta sobre las paredes sinuosas de la piedra blanca. La oscuridad se ha aclarado con un luminosidad leve y de tonos dorados que parece brotar de la misma montaña. En el agua puedo ver cómo flotan los cuerpos etéreos de las ondinas, los espíritus de las aguas. Emiten una fluorescencia del color del agua marina. Dan vueltas a mi alrededor y acaban desapareciendo. De las paredes de piedra surgen espíritus de la tierra. Son pequeños, no miden más de unos treinta centímetros y me recuerdan a otros que he tenido la suerte de encontrar durante otra experiencia. Tienen el mismo color de la piedra y sonríen. En los cuentos se les conoce e identifica como gnomos o enanitos. Yo pienso en el trabajo incesante de los espíritus de la naturaleza, guardianes y constructores de las formas que nacen de las ideas germinadoras para que se manifiesten en este mundo. Se quedan de pie, formando un círculo a nuestro alrededor. Cumplen con su deber incansablemente. No hay nada similar que ningún humano pueda llevar a cabo. Siento su amor volcado por completo en su deber. También percibo el hilo invisible que nos une a todos, desde la criatura más grande a la más pequeña, en una relación en la que todos somos indispensables, cada uno con sus peculiaridades y sus características. Todos unidos y entrelazados por los hilos de una trama con la que Dios traza su diseño universal.

Es ya muy tarde cuando abandonamos el lugar. Las estrellas brillan en el horizonte y en lo alto del cielo. Han pasado horas pero para cada uno de nosotros el tiempo discurre de manera diferente, en su interior y en otra dimensión o tal vez hayamos perdido la convicción que nos hace sentir la necesidad de medirlo.

Región de Trentino
El deva del lago

Es el primer crepúsculo del plenilunio de mayo. Tengo la suerte de poder contemplarlo en toda su belleza desde un prado que bordea un pequeño lago de montaña. La superficie del lago parece inmóvil y el cielo está pespunteado por nubes teñidas de un violeta malva. Su reflejo en el lago crea un efecto poético y le regala más profundidad, si cabe. Este momento del día me ha inspirado desde siempre. Me gusta que mi alma pasee libre, que atraviese la puerta dimensional, suspendida entre la luz y la oscuridad justo a esta hora. Mi alma puede vagar por el espacio invisible y desconocido en contacto directo con la energía espiritual. Los colores del cielo asumen nuevos matices y tonos de luz espectaculares. Las vibraciones eléctricas del día se van disolviendo gradualmente en la pacífica quietud que trae la noche. Es el momento de cesar con la actividad para hacer la valoración del día, repasando con la mente lo que ha sucedido, lo que se ha dado y lo que se ha recibido, lo que hemos realizado y lo que podemos continuar haciendo para concedernos finalmente el merecido y relajante reposo. Así, entramos mejor y con mayor fluidez en la nutritiva paz del propio espíritu.

Estoy esperando a un grupo de personas que se han de reunir conmigo. En esta noche de luna de primavera nos juntaremos para llevar a cabo un trabajo interior en el generoso marco de este lugar encantador. Sobre la superficie del lago se apoyan las corolas cándidas de las ninfas, iluminadas por la última luz del día. Los pájaros han terminado su concierto vespertino. Ahora todo es silencio. Se levantan hilos de vapor del espejo del agua. El cielo se oscurece completamente y el lago también. Percibo la presencia de los devas del lugar. Puedo ver pequeñas hadas de agua que flotan a unos pocos centímetros de la superficie del lago que se agita cuando pasan por encima de él. Las energías que desprenden son luminosas, de colores rosa y violeta unas, de color azul las otras. Interiormente puedo percibir su canto, hecho de sonidos armónicos sin palabras. Llegan las primeras personas del grupo. Nos reunimos todos, estamos contentos de encontrarnos. Nos sentamos formando un semicírculo frente al lago, mirando a la montaña. Pronto saldrá la luna. Ya es de noche cuando empezamos con nuestra meditación. Las nubes también se reúnen en la montaña y parece que no nos van a dejar ver la luna. No pasa nada. La atmósfera entre nosotros es tan serena e intensa que nos sentimos plenos. Además, nuestro objetivo no es ver la luna.

Damos las gracias a todas las criaturas vivientes de todos los reinos de este mundo visible y también a aquellos seres de luz perteneciente a los reinos invisibles. Invocamos las vibraciones de paz y amor para cada ser. Las energías sutiles se reúnen alrededor de nuestro grupo imprimiendo en nosotros un indescriptible sentido de comunión. La calma es absoluta. Nada interrumpe el silencio, ni un sonido, ni el viento. Todo es simplemente una perfecta quietud que anida en nuestros corazones. Los devas del lugar se hacen presentes con una única y dulce respuesta cuando las hojas de los árboles comienzan todas juntas a moverse muy despacio, como animadas de sus suspiros. Después regresa el silencio.

Cuando podemos ofrecer amor a la tierra de la manera más simple posible y con la espontaneidad que nace directamente del corazón, sin necesidad alguna de fórmulas preestablecidas, la tierra responde a nuestras emanaciones con un amor sutil que se reverbera en ondas delicadas en todo el entorno, en cada árbol, en cada insecto, animal o piedra, incluso en cada brizna de hierba y, obviamente, en cada uno de nosotros. Respiramos y así entramos en un intercambio y a partir de ello en el flujo de la unidad, donde ya nada tiene mayor importancia, allí no caben componendas ni nada que ate nuestras alas y que suele parecernos tan necesario a diario. Las ataduras se disuelven, su peso se desvanece y nos encontramos libres en aquel amor que vibra en todas las cosas.

Cuando acabamos la meditación permanecemos un rato más sentados y en silencio. Saboreamos la quietud de la noche. Las palabras serían de una gran inutilidad. La nubes siguen su camino. Ahora podemos contemplar la luna en todo su esplendor, la señora del cielo nocturno ocupa su trono, llena y luminosa, entre las montañas. Ha venido para reflejarse en el lago y crear un encantamiento o, quizás, para recordarnos que cuanto creemos que es verdad en el espejo es solamente un reflejo, una ilusión.

Región de las Dolomitas
El guardián
de los animales del bosque

Parece que la varita mágica de un mago haya encantado este lugar. O quizás las hadas se hayan acercado a bailar, ríen alegres y corren respondiendo al reclamo del sonido eterno. El espíritu del otoño nos ha regalado ya su aliento frío anunciando el cambio de estación que se acerca. Sus palabras se han vuelto cristales de nieve y las hadas las han colocado en cada casa, esparciéndolas por doquier. Blanco y silencio. El cielo está azul, sin sombra alguna, límpido. El lago parece una piedra preciosa de miles de reflejos brillantes y es como si fuera la entrada al reino de las hadas. Los abetos son presencias impecables que saben perfectamente que son majestuosos y se dejan decorar por las guirnaldas de nieve. El silencio aquí está muy presente, tanto que obliga incluso a detener la respiración. Sólo se escuchan los batidos del corazón. En el cielo, a lo alto, vuela un águila, dueña de sí misma, reina de su vida. Está volando en círculo concéntricos, está buscando algo. Con paz en su corazón, consciente de estar en este momento en el juego del predador. Veo huellas. Son formas de pasos humanos, también de pasos de animales. Y ningún sonido de voces. Sólo hay silencio. El pasado y el futuro están trazados en la superficie tersa de la nieve que recubre con otras formas más suaves las ya preexistentes. Sólo silencio... El águila ha desaparecido ya. Puede que haya cazado, puede que haya regresado a su nido. El sol lanza besos dorados en diferentes direcciones. La luz y las sombras de tonalidades azules juegan al escondite. De repente, se hacen visibles los ojos profundamente inocentes de una familia de ciervos. Están completamente inmóviles, como absortos y escuchando un silencio interior, más intenso aún que el que impregna el bosque. En sus miradas se trasluce una paz inmensa en la que el miedo es aceptado. En su cuerpo no se nota ni un temblor, ni una duda. Aparece un deva de magnífica belleza. En su mirada se puede palpar una inigualable sabiduría. Su presencia es muy palpable. Es un deva con mucha fuerza que se refleja en todo el lugar, en cada una de las criaturas que nos rodean. Me zambullo en su mirada que me atrapa de tal forma que no sé si estoy mirando al deva o a los ciervos. Los átomos comienzan a bailar creando un sonido de una exquisita dulzura. La figura que componían se rompe para formar otras miles en maneras infinitas creando juegos de puzles. Pero nada se rompe o se descompone porque cada vez todo es perfecta armonía. Ninguna muerte... las moléculas de luz ruedan, vibran y danzan en el infinito, en el inconmensurable océano de la única fuente de la vida que ahora mismo me está observando. Su amor es tan mayúsculo que mi pequeño corazón apenas puede contenerlo. Este amor único fluye de los ojos profundos del deva hacia los del inocente ciervo y de ahí a los míos. Todo ocurre en el tiempo sin tiempo de un instante de eternidad.

Una ligera brisa llega de manera repentina y el ruido de las ramas de los árboles me despierta, vuelvo a esta realidad. La brisa es muy fría, me hace llorar. Mis labios y mi corazón se distienden en una única sonrisa. El sol se está poniendo rápidamente, sus últimos rayos son como fuegos de artificio que iluminan divertidos las altas cimas recortadas de las montañas. Es una magia que lo tiñe todo de rosa coral durante unos breves momentos, antes de que todo quede escondido en la oscuridad de la noche.

Región de Alto Adige
El reino de las hadas

Hielo y transparencias de color azul plateado es lo que nos acoge en este lugar. El sendero está nevado y endurecido por el hielo. Un temor se hace presente a pesar de la audacia y de la confianza que invoco para que mis pasos sean seguros. Se ha detenido la gota de una fuente en la concavidad del tronco de un árbol. El agua llega, quién sabe de dónde, de un lugar lejano en el secreto corazón de la montaña para fluir entre estalactitas, esos espléndidos diamantes naturales. La belleza tiene su reino aquí y toma entre sus dedos mi pequeño corazón para colmarlo de alegría, de respeto y de una nueva manera de escuchar. Un ciervo ha dejado las huellas de su presencia en este lugar, son marcas grandes y profundas. Quién sabe cómo será ese ser que ha cruzado por este sendero. Su presencia es aún perceptible, es fuerte, elegante, digna y grandiosa. Cada cosa del entorno está iluminada del blanco silencio de la nieve. De vez en cuando, los árboles dejan caer una buena cantidad de nieve que les sobra. Al caer la nieve se desmigaja y acaba pulverizando el suelo, llenándolo de luces que brillan con los rayos del sol. Me parece que les gusta este juego. Las nubes forman bolas de algodón y cuando el sol las toca sorprenden con todo los colores del arcoíris Mis ojos están encantados. ¿Acaso el espectáculo es para quien lo contempla? Yo lo observo porque no puedo hacer de otro modo, para no perder ni un momento encantado de la sublime presencia que juega una danza de colores y luces. Es un momento irrepetible. De un pino desciende la lluvia dorada de unos copos de nieve que una brisa alocada deposita encima de mi cabeza. El espectáculo ha acabado, está en mi corazón agradecido. El silencio blanco sigue llenándolo todo. El lago se ha transformado en un anillo de plata. Desconocido, antiguo y atemporal, el lago decide mantener su misterio. Quizás sólo se puede desvelar a quien se atreva a penetrar su imagen. Detrás de mí queda el bosque, el testigo centenario de una antigua vegetación, se abre el camino y aparece una pequeña iglesia de madera. Veo en una de sus ventanas un mosaico en el que hay un ciervo blanco y sobre él una cruz de oro. Todo esto me hace recordar algo sucedido tiempo atrás, estoy muy sorprendida. Pero mis pasos no quieren que deje este presente. Las hadas han formado un riachuelo de trozos de hielo y me llaman. Bajo el sendero de hielo se siente cómo corre el agua. Los últimos rayos del sol bailan sobre la superficie helada y la tiñen de rosa, azul y violeta. Las hadas entonces empiezan a entonar un canto muy suave, como gotas de agua que corren. Luego unen a la melodía unas palabras de sonidos etéreos y misteriosos, cantan en su lengua. La magia lo acaricia todo y abraza las formas esculpidas en el hielo: torres recamadas, bordados realizados por manos que no son de este mundo, guirnaldas de agua que se han quedado suspendidas en el tiempo del hielo. Más adelante todo esto cambiará. El invierno se transformará en primavera y el juego del reino del hielo de las hadas recuperará su forma habitual, el agua volverá al riachuelo que corre hacia el valle. La belleza detiene su reino un momento, luego vuelve atrás en el tiempo, no para desaparecer sino para hacer sitio a otro momento que la contiene. Así nosotros podremos darnos cuenta de su presencia, esté donde esté, aprendiendo de su instante fugaz, mientras su mágico poder obra en nosotros su milagro de amor. La noche ha llegado. En mis ojos se ha detenido la alegría de cuanto ha visto. Las nubes han tejido su tapete en el telar del cielo. La luna, hermana de luz de fases infinitas, se hace presente y sonríe entre las grietas que se han abierto en la manta gris de las nubes. Un viento sideral juega con sus dedos en el cielo apartando el velo de las nubes para que la hermana luna pueda llenarlo con sus rayos de plata. La luna se siente libre ahora que puede mostrar todo su fulgor, segura de su poder, sabia en el refugio de la patria del cielo. Las estrellas también se hacen ver, son lejanas hermanas a lo largo del camino y desde tiempos inmemoriales adornan la noche.

Tercera
Parte

Los devas,
ángeles de la naturaleza

Son seres infinitamente luminosos de gran sabiduría, mucha fuerza, mucho poder y belleza extraordinaria. Son conciencias comprensivas de almas de grupos de seres en evolución hacia la total conciencia de sí mismos. Son, además, guardianes y creadores de formas. Asimismo son maestros del proceso de individuación y de sublimación de las variadas llamas de vida de la materia. Se establecen en jefes supremos tanto de los reinos vegetal, animal y mineral como de las fuerzas de la naturaleza. Se pueden distinguir según los elementos que operan y que nos llevan a denominarlos deva de la tierra, del aire, del agua o del fuego. Muestran aspectos múltiples aunque su naturaleza es puramente energética.

¿Cómo describir algo que es indescriptible y que aún no se conoce del todo? Hasta ahora cada prueba que se da sobre su existencia acaba por quedarse flotando en el mar de la probabilidad. La única manera es intentar dar con las palabras y conceptos que puedan traducir su realidad, la de los devas. Las palabras e imágenes humanas responden al espectro cromático limitado de nuestra mente y no contienen otras dimensiones con toda su riqueza. Necesitaremos interpretaciones ya que las definiciones no caben en una mente que no puede ver lo global. Sólo a ello se debe el que haya tantos errores sobre el tema ya que implican observaciones parciales y compresiones igualmente acotadas de la verdad.

La facultad de sentir, que es propia del ser humano, innata y que puede desarrollarse hasta llegar a ser muy refinada, puede acercarnos a la esencia de sus manifestaciones y de su magnífica realidad. El sentir no es un simple instinto o algo que va más allá de la percepción sensorial, puede conducir a recibir señales a un nivel profundo de lo que vive detrás de los velos de la vida material. Nosotros sentimos a través del corazón.

Mediante ese órgano podemos apreciar los sonidos, las imágenes, las palabras, los pensamientos de los mundos de los devas. Una vez que se revelan, la mente se irá abriendo a sus dimensiones sutiles y empezará a considerar modos alternativos de la realidad.

«Deva» es un término sánscrito que se traduce literalmente como «brillante y compuesto de luz». En las escrituras sagradas de la antigua India se define el reino de los seres que nosotros llamamos ángeles (del griego *anghelos*, mensajero). Se subdividen en dos categorías principales que son los arupa deva, es decir, los que no tienen forma, que responden a un plano espiritual superior y que habitan más allá de nuestro espacio y tiempo; y los rupa deva que están sujetos a la forma y son perceptibles a través de las facultades de nuestros sentidos sutiles. Esta distinción permite inferir que el proceso de la sustancia divina se identifica a través de diferentes grados de vibración. Cada nivel se corresponde con un plano de vibración. Pueden ser infinitamente elevados y sutiles o cercanos a nuestro desarrollo humano. Podríamos definir la materia como una forma condensada de la idea divina. El pensamiento esotérico utiliza el término de jerarquía para definir los diferentes grados de evolución. Si pensamos en el movimiento de la creación como una emanación de lo superior, entenderíamos que lo externo procede hacia el centro. Es un movimiento que se puede observar en el incesante proceso de manifestaciones de las formas y su concreción en lo que hemos dado por llamar nacimiento y muerte. En lugar de lo anterior, hemos de pensar en un movimiento perenne de transformación que empieza en forma de espirales ascendientes y descendientes y evoluciona hacia estados cada vez más sublimados. Mientras la materia asciende hacia su creador, Dios desciende en ella hasta el momento en el que todo vuelve a ser una única unidad. Es un respiro inicial que exhala su idea creadora para luego transformarse nuevamente en sí mismo. La llama divina, las almas, como las moléculas de aire de los pulmones que se lanzan en el espacio aparente, se componen de mundos infinitos, de infinitas formas que arden en deseos de volver, a un determinado momento de su máxima expresión, nuevamente en aquellos pulmones de los cuales han surgido para luego recibir nuevas formas. Éste es, ni más ni menos, el inefable, desconocido, sublime y portentoso misterio que llamamos vida. La totalidad de la existencia, el Uno que contiene muchos está a su vez potencialmente contenido en esos muchos, es decir en cada una de las diferentes versiones en las que aparece. Estas diferenciaciones son todo lo que hay. Aquí estamos todos, nosotros y los demás seres, físicos y no físicos. Cuando Él emite una espiración ahí están comprendidas las infinitas posibilidades de manifestación, todas las manifestaciones que le deben a Él su aliento.

Nosotros vivimos en nuestra realidad de formas visibles y somos solamente una de las tantas manifestaciones que en el proceso de regreso se envuelven desde antes hacia la conciencia del alma individual. El proceso evolutivo afecta y comprende a todos los reinos de la creación desde la galaxia desconocida hasta la milésima parte de una de nuestras células. Los diversos aspectos de la realidad son diferentes manifestaciones de la unidad original y, por lo tanto, todos son interdependientes entre sí, ninguno está completamente separado de las demás desde la galaxia hasta la célula. Todas y cada una de las manifestaciones del ser único participan en la composición del diseño divino. Allí la idea arquetípica se ha tejido en el lienzo de las formas de vida. Hay tensión en la evolución de cada reino de la naturaleza. Se trata de algo observable y que se evidencia en el comportamiento de las criaturas. De la misma manera que nosotros crecemos y que el embrión se desarrolla hasta ser un niño, y este niño evoluciona y sus procesos de pensamiento se van perfilando a medida que se conectan las experiencias con la comprensión hasta llegar a la edad adulta, las demás criaturas de la naturaleza también se transforman individualizándose. Nada de esto sería posible si no nos relacionáramos los unos con los otros y cada uno de nosotros con el mundo exterior. Vivimos en un universo en constante relación.

Precisamente la relación con el exterior, tantas veces ambivalente, nos enfrenta a lo que muchas veces parece separado de nosotros y también nos permite comprender las cosas y a nosotros mismos. Nos acercamos al mundo exterior mediante nuestro intelecto y la percepción sensible. Uno no debería excluir al otro. Mientras el intelecto nos mantiene separados del objeto y de esta manera podemos observar y analizar, la emoción nos acerca y nos permite recibir información sensible. Y al utilizar ambos acercamientos, surge la intuición, la respuesta, es el instante en el que intelecto y percepción se funden. Es solamente entonces que comprendemos, que sabemos lo que podemos sentir y conocer. El intelecto nos permite entender y con la emoción percibimos nuestro objeto de comprensión. Fiarse solamente de uno o del otro es como una visión sin sentido de profundidad o como si miráramos con un único ojo. La facultad del pensamiento se parece a la espiración; en cambio la facultad de la emoción, a la inspiración. Al igual que en la respiración, podemos conocer el mundo a través de un continuo intercambio entre lo que está fuera de nosotros y lo que está dentro de nosotros. Nuestro proceso de conocimiento es gradual y avanza obedeciendo a una esquema de evolución. Descubrimos la verdad que somos capaces de alcanzar según el grado de nuestra conciencia. Ninguna verdad es absoluta. Pero para nosotros se mantiene así hasta que se demuestra lo contrario o hasta que no se enriquece con nuevos elementos. En nuestra compleja realidad actúan todos los diversos estados de conciencia individual y nuestro modo de interpretación muchas veces nos impulsa a entrar en guerra como si fuéramos enemigos. Hoy en día, la ciencia y el espíritu se están acercando. Las hipótesis científicas más recientes están demostrando la realidad espiritual que ya defendían las culturas más antiguas. Mientras tanto, nuestras actuales creencias espirituales distorsionadas se enfrentan a nuevas revelaciones. La humanidad tiene mucho que ganar. Cuando la ciencia y el espíritu actúan juntas pueden revelarse realidades de una riqueza inimaginable, en las cuales la materia y ese mismo espíritu, el corazón y la mente, lo masculino y lo femenino en nosotros dejarán de ser un camino de conflictos para comprenderse como aspectos de una única verdad que podremos contemplar y vivir. Hay una energía especial, es una esencia de amor e inteligencia de la naturaleza. Cuando la percibimos el mundo es diferente, transformado, iluminado por una luz muy nueva. La mente no puede ver todo esto, pero nosotros sabemos en el fondo que está ahí, que existe, gracias a algo que ha tocado las profundidades más indefinibles de nuestro ser. Cuando lo encontramos, recibimos también una cierta impresión de familiaridad, como si ya la conociéramos porque, en realidad, siempre ha estado en nuestro interior. Es la esencia que está en nosotros y nos habita. En dichos momentos, no nos sirven las demostraciones y pruebas de veracidad. Todo eso sucede cuando recurrimos a nuestra capacidad de sentir.

Si aprendemos a observarnos a nosotros mismos y el mundo desde un punto de vista donde pensamiento y corazón están unidos, con sentido de respeto, con capacidad para maravillarnos, incluso con lógica y, por supuesto, con sentimiento, entonces estaremos desarrollando nuestra capacidad de sentir profundamente. Es un sentir con mayúsculas. Es una facultad innata de nuestra alma. Cuando nos llevamos a nosotros mismos hacia los demás, confiando en nuestro sentir, dejamos que en lugar de creencias se instale una fe y una confianza que nace a través de la experiencia de las cosas y de ellas en nosotros. Así aprendemos a vivir íntegramente las verdades que descubrimos por el camino. De esta manera nos damos tiempo de vivir sin pretender que ocurra lo que testarudamente deseamos, sin negar las circunstancias porque nuestra mente quiere rechazarlas o pasando horas indagando sobre las causas de un acontecimiento cuya razón última se escapa a la mente o sobre las consecuencias de una verdad determinada. La mente descansa y así puede dedicarse a lo que realmente ha de realizar. Ya no perdemos el tiempo discutiendo sobre cuestiones cuando necesitamos enfrentarnos al mundo. Ya no hace falta. Y es así cómo nuestras estructuras de creencias van perdiendo peso poco a poco y las experiencias que nos enriquecen son aquellas que se acercan a nosotros desde el sentimiento y la percepción para revelarnos una realidad mucho mayor, y así nos vamos sintiendo completos.

El sistema dévico que hasta ahora he podido observar y que comprende a los espíritus de la naturaleza es mucho más rico y complejo de cuanto se pueda pensar. Y todo cuanto pueda describir y escribir sobre ellos, en la medida que nuestras palabras nos lo consienten, es el fruto de mis limitadas impresiones sensibles. Todo cuanto sé parte de mi experiencia.

Según mis observaciones sus cuerpos están compuestos de energía luminosa. A veces es tan sutil que son casi invisibles. A menudo, he podido observar su magnífica luz extenderse sobre todo un paisaje. Algunos pueden parecernos gigantes, otros son de estatura mediana y también los hay muy pequeños con no más uno o dos centímetros de altura. A veces, he podido sentir su perfume y notar cómo ese aroma se extiende con una intensidad sin igual con la fragancia de miles de flores desconocidas o de flores tan populares como las rosas. He escuchado su voz y su canto y los sonidos de sus radiaciones, una música de una belleza indescriptible. Los he oído dentro de mí, con su habla telepática mediante palabras claras y comprensibles cuando han querido transmitirme enseñanzas para ayudarme a llegar un poco más allá de mí misma. He percibido su tacto, es como una caricia muy leve y llena de amor, cuando más me hacía falta siempre ha estado a mi lado.

Los devas, que en Occidente llamamos ángeles, pueblan el universo con su existencia. También viven en el mismo mundo que nosotros. Todos están presentes, desde los más resplandecientes que llevan en sí el ser de las ideas de la fuente creadora del universo hasta la luz más pequeña y diminuta de conciencia que palpita en los átomos de la vida. Atendiendo a la idea de evolución con sus despertares de la conciencia que alcanza estados cada vez más elevados, se puede clasificar a los devas según su grado de desarrollo. Personalmente, prefiero la denominación «deva» para referirme a ellos porque me parece que señala mejor su naturaleza luminosa, mientras que los ángeles, por su etimología, se refiere más a los mensajeros. No siempre y no todos son mensajeros. Sus deberes son muy variados según el reino al que pertenezcan, mineral, vegetal, animal o humano; y según las criaturas a las que deben cuidar.

Los devas mayores, que vendrían a ser como los arcángeles, comprenden en su conciencia todas las demás conciencias de todos los devas. Transmiten el impulso creador que en metas muy especializadas llevan a cabo en el reino de las formas. Si comenzamos por los niveles más elevados del reino dévico, encontramos a los arupa deva; luego las funciones se van volviendo específicas y cada vez más cercanas a la materia alcanzamos los reinos de los espíritus de la naturaleza o ángeles, que son los rupa deva.

La complejidad y la variedad de sus aspectos y de los diferentes grados de su conciencia supera nuestra imaginación y nuestra comprensión actual. Cuando pensamos en las hadas o en los gnomos o en los elfos, y solamente por citar algunas de estas criaturas, estamos hablando de una pequeñísima parte de la población de su reino. Hay muchos más. A lo largo del tiempo, he llegado a darme cuenta de que la variedad es enorme. Cambian sus formas, sus metas y deberes hasta sumar miles. Son tantos que es realmente imposible definir grados y categorías. Con toda sinceridad, sobre ellos sé muy poco, sólo cuanto me ha sido revelado hasta ahora en mis experiencias.

Sus cuerpos están compuestos por materia de éter y astral, la misma que forma nuestro cuerpo sutil. Parece, sin embargo, que tienen la capacidad de atraer la masa de éter para así asumir nuevas formas adhiriéndolas. También cuando así lo deseamos si un cuerpo está compuesto de materia densa, como los nuestros, para que fluya mejor. Ellos pueden cambiar de forma cuando su meta así lo exige. Asimismo se modifica según las imágenes que emitimos con nuestros pensamientos. Es posible que esto pueda explicar que hayan sido descritos de tantas maneras a veces asumiendo formas amigables y otras, inquietantes o con un aspecto muy humano. Puede que así se explique mi encuentro con la cierva blanca o el que tuve con un gnomo de sombrero de color rojo y en punta como los de los cuentos. También estoy segura de que mis conocimientos y mi bagaje juegan un papel importante. Yo estoy muy en contacto con la cultura celta, de ahí que las formas que aparecen pueden tomar aspectos que me son simpáticos y que estén en sintonía conmigo. Las criaturas del reino de las hadas como la cierva blanca o las de los cuentos tradicionales como la del gnomo me resultan muy familiares. Quizás quieren darnos las gracias asumiendo formas que no nos asusten. O quizás hay más razones que simplemente desconozco.

Los deberes de los devas consisten en cuidar todo cuando existe en la naturaleza. Un deva recibe de los devas mayores, que los dirigen, las indicaciones sobre las numerosísimas relaciones de equilibrio y les señalan las que necesitan ser estimuladas, preservadas y transformadas. Todo el orden de los devas responde a una colaboración recíproca gracias a los hilos luminosos que los unen transmitiéndoles todo lo que la naturaleza necesita. Su orden es un orden de armonía universal. Y yo sólo puedo quedarme perpleja y extasiada cada vez que observo desde mi pequeño rincón del corazón cómo actúan. Siempre es maravilloso sentir cómo mi corazón se expande y que él también pueda sentir su delicada unión sin fin con la armonía de la vida. Todo está en constante evolución. Todo está de regreso hacia el Uno, hacia nuestra casa original. El deber de los devas es favorecer tal viaje y la evolución del ser consciente que llamamos Tierra y de todas las criaturas que la habitan. Mientras obran de tal manera también nutren su propia evolución. Creo que esto es parte de nuestro deber, servir a la evolución global, quizás sea el objetivo de nuestra presencia en este mundo. Somos servidores los unos de los otros en el intento de formar la conciencia única que nos llama hacia ella mientras desarrollamos en nosotros una corriente de sabiduría de amor que nos une a cada cosa existente.

Los devas de los cuatro elementos

En la naturaleza podemos reconocer las fuerzas de cuatro elementos principales: el agua, la tierra, el aire y el fuego. Existe también un quinto elemento, más difícil de percibir, que es el reverso sutil de los cuatro anteriores, se trata del éter de la tierra, es decir: su cuerpo de éter y astral.

Los espíritus de la naturaleza, según sus características, forman parte de estos elementos y actúan a través de ellos. No debemos pensar en una separación de los cuatro elementos. En realidad, actúan gracias al trabajo de los devas, con una armonía que da equilibrio a la Tierra. Todos y cada uno de los reinos de la Tierra, el animal, el vegetal, el mineral y el humano, viven bajo la influencia de los cuatro elementos que ejercen su influjo tanto en el cuerpo físico como en el sutil de las emociones y los pensamientos. Los devas que viven en el plano del éter y astral de los elementos son invisibles a nuestros ojos aunque obren sobre los cuatro reinos. Más allá de nuestra disponibilidad de aceptación de este proceso se produce la acción incesante de los devas. Ellos son los escultores de las formas de la naturaleza y plasman la materia del éter en los innumerables y maravillosos aspectos de la realidad que podemos observar. Guían el reino mineral, vegetal, animal y humano que aún vive bajo el influjo de su conciencia individual. Los devas constructores cuidan con amor total y devoción a cada criatura. Promueven el aliento de evolución de cada aspecto de la vida.

Los animales no necesitan probar su existencia porque al ser más intuitivos que nosotros pueden verlos y percibirlos mucho más fácilmente, tanto es así que encuentran su presencia como algo natural y disfrutan de su compañía. He podido observar el comportamiento de diversos animales con los devas mayores que los guían o con otros devas menores que son numerosísimos y habitan en las regiones sutiles de nuestro planeta. He visto en los animales muestras de amor y respeto hacia los seres que reconocen como sus maestros y que me han enseñado muchísimo. Siento una profunda conmoción cuando los veo interactuar y compruebo la intensidad de su amor recíproco. Quizás tendríamos más consideración y un respeto mucho mayor por los animales si comprendiéramos de verdad que también ellos están creciendo espiritualmente. Desde las abejas, las hormigas y los pájaros hasta los peces y los animales salvajes, todos están en una u otra fase de evolución. Nuestros compañeros domésticos, que están un poco más separados de la ciencia de alma de grupo de su especie, pueden proseguir su plan evolutivo hacia una conciencia individual favorecidos por las relaciones que mantienen con nosotros.

Algunas personas me han preguntado si los espíritus de la naturaleza mueren o si tienen edad. No puedo dar una respuesta concreta porque no sé cuánto dura la vida de un deva. Tampoco puedo afirmar que mueran. Pero es que yo concibo la muerte como un estado de transición del proceso evolutivo que todos pasamos cuando abandonamos las viejas formas que han servido a un determinado estado de la conciencia para que luego pasemos a otros planos a medida que el alma se enriquece de cada experiencia que le toca vivir. Para quien contempla la vida de esta manera, el tiempo es relativo. En la dimensión en la que vivimos hay un tiempo objetivo, marcado por el ritmo solar, aunque también un tiempo subjetivo y relativo marcado por cuanto percibimos y sentimos. Lo que para nosotros puede parecer un día, para una mariposa, por ejemplo, puede parecer un año. La vida de un deva puede parecernos larguísima. Para ellos, que viven en las dimensiones más sutiles de la tierra, el tiempo pasa acorde a unos parámetros muy diferentes a los nuestros.

El deber y el aspecto de un deva varía siguiendo las líneas de los elementos al cual cada uno pertenece. Podemos distinguir entre los devas del aire, del agua, de la tierra y del fuego, tal como se puede leer en la sección de este libro dedicada exclusivamente a mis experiencias personales y encuentros con los devas. Cada grupo o reino dévico tiene unas características que le son propias. Cada grupo se manifiesta mediante diferentes aspectos, estados de conciencia con unas capacidades específicas que les son propias. Cada deva de cada elemento sigue un proceso evolutivo que le es propio pasando del estado de conciencia de alma de grupo al de alma individual con conciencia para continuar hacia la conciencia de los reinos dévicos más elevados del éter hasta alcanzar los grandes seres cósmicos. Los devas que nos resultan más familiares son las hadas, los gnomos, los elfos y los enanitos. Cada uno de ellos pertenece a uno de los cuatro elementos. En el reino del agua encontramos las hadas, las ninfas, las ondinas, las nereidas y las sirenas. En el reino del aire están las sílfides. En el reino de la tierra podemos ver los gnomos, los enanos, los elfos y las dríadas. Finalmente, en el reino del fuego viven las salamandras y una especie que en el esoterismo se conoce como carneros.

Los devas de la tierra, devas de paisajes, de las montañas y del subsuelo
Enanos, gnomos, elfos y dríadas

El elemento tierra rige el mundo vegetal y los cuerpos físicos de las criaturas que viven de él. Si no tuviéramos su sólido apoyo, no podríamos caminar, movernos ni trasladarnos sobre este mundo. Las montañas, las piedras, los minerales, los metales y los cristales son las bases de este reino. Nuestros cuerpos físicos están compuestos, en parte, por los mimos elementos. A ello se debe que se pueda afirmar que todas las criaturas que viven sobre la tierra le pertenecen. Como un hijo que se mantendrá siempre de alguna manera unido a su madre, el cuerpo recibe los beneficios de las corrientes magnéticas del elemento que lo ha formado y está sujeto a su fuerza de atracción de la misma forma en que se nutre de él. Esta íntima unión con el elemento tierra permite que nuestro cuerpo encuentre el equilibrio cuando le falta la sanación. Si estuviéramos más atentos y fuéramos más conscientes de esto, nos tomaríamos de otra manera la relación con la comida y el cuidado de nuestro cuerpo. Seguramente, estaríamos mejor ya que facilitaríamos a nuestro cuerpo que pudiera absorber los nutrientes necesarios para la estabilidad física y la de los elementos más sutiles que transportan en nosotros.

El aspecto sutil o espiritual del elemento tierra es un símbolo de concreción, estabilidad, manifestación y cumplimiento de las ideas, perseverancia y entrega en la acción. Pero también hay un lado negativo. Nosotros podemos desarrollar, en efecto, ambos matices de una misma energía y, si inclinamos la balanza para el otro lado, el resultado será rigidez e inflexión Cuando no estamos conectados con el elemento tierra, sentimos dificultad para llevar a cabo nuestros actos según nuestros objetivos o las ideas se quedan en nada ya que no conseguimos actuar de un modo concreto y eficaz. Nos sentiremos más indecisos, literalmente, nos falta la tierra bajo los pies. Cuando no estamos en armonía con el aspecto femenino y materno de este elemento, nos cerramos a la posibilidad de recibir los nutrientes que necesitamos, la energía que nos da fuerza y estructura a nuestro cuerpo físico, a nuestra mente; nos negamos a la abundancia que nos ofrece y a la confianza que puede impulsarnos para que nos manifestemos tal cual somos.

El elemento tierra tiene un peso propio, es denso y compacto, es el más cercano a la materia. Podemos ver sus diferentes maneras de expresarse en montañas, colinas y valles, en planicies y desiertos, brilla en los cristales y en las gemas, es firme en los metales y misterioso en las cavidades subterráneas y en las cuencas que sostienen a los mares. Los devas de la tierra llevan a cabo su tarea tanto en la superficie como en el subsuelo. Entre ellos, los que nos son más familiares y que conocemos por las leyendas y cuentos son los gnomos, los enanos y los elfos aunque hay muchísimos más, de diferentes grados de evolución y expresión. Quién no recuerda las numerosas leyendas e historias que nos hablan de enanos y gnomos que ejercen como guardianes de tesoros, hábiles orfebres y herreros de metales ricos. Viven principalmente en el subsuelo, sus casas se ubican en cavernas misteriosas que se esconden en la montaña, muy dentro de las profundidades de la tierra. Suelen ser descritos como criaturas de carácter fiable, serio y sabio aunque no se muestren especialmente sociables en la visita de extraños a su comunidad. Por mi experiencia y por lo que he podido observar, su labor febril consiste en guiar las fuerzas magnéticas terrestres; disolver los metales en la tierra para que puedan ser absorbidos por los vegetales; mantener el equilibrio entre los estratos rocosos, plasmar la materia del éter en formas sugeridas por sus devas mayores; purificar y sublimar la materia pesada y densa de las piedras para transformarla en bellísimos cristales hasta su expresión más pura de gemas o metales preciosos, siendo los más perfectos el diamante y el oro.

Los aspectos con los que suelen aparecer pueden ser muy variados aunque mantengan un parecido. Por ejemplo, muchas veces pueden parecerse a la materia de la tierra, de la piedra o de la cueva donde se encuentran. No suelen superar los veinticinco o cuarenta centímetros. Muy a menudo suelen verse en grupos más o menos numerosos y rara vez se mueven en solitario. La luz que emiten suele ser como una mancha púrpura que cambia al amarillo y al azul, nace de su cuerpo y no se separa de él, lo cual contribuye a que su aspecto sea más denso también si lo comparamos con los demás espíritus de la naturaleza.

Cuando me he encontrado con algunos de ellos, he podido sentir su energía llena de compostura y con un gran conocimiento de las estructuras sutiles y físicas de la tierra. Generalmente se mostraban recelosos, esquivos y silenciosos, nunca he tenido la sensación de que les hubiera gustado mantener contacto con los seres humanos, no al menos de la misma manera en que lo entendemos nosotros. En algunas ocasiones he podido sentir su angustia y su urgencia por intentar reparar los daños que los humanos infligimos en la tierra. Quizás sea éste y no otro el motivo que los impulsa a mantenerse cautelosos cuando nos acercamos a ellos.

Los gnomos que viven en la superficie de la tierra suelen trabajar alrededor de las raíces de los árboles y de las plantas, están siempre muy atentos mientras transforman las sustancias y nutrientes necesarios para la vida de sus protegidos. Son de carácter ligero, travieso y juguetón, como si estuvieran al mismo tiempo nutriendo las plantas y los árboles con alegría vital. En los cuentos tradicionales normalmente se los retrata como criaturas poco respetuosas, agresivos, incluso malévolos y, por lo general, gruñones y de mal humor. Yo nunca he tenido problemas con ellos. Pero creo que puede haber una manera de explicarlo. Estos gnomos tienen que proteger a los árboles y las plantas, una forma de hacerlo es logrando que la gente no se acerque. Yo misma a veces he notado una cierta vibración que podría llevar a los incautos a sentirse rechazados. Pero si entramos en su territorio con respeto, conectando con ellos interiormente, estas entidades dévicas nos regalarán intuiciones y comprensiones que nos ayudarán a sacar el mejor provecho de los frutos y las plantas que queramos cultivar. También nos ayudarán a que abramos nuestro corazón para que así nos sintamos en una mayor sintonía con la naturaleza y para desarrollar junto a ella, y de manera consciente, el flujo de intercambio energético que nos regenera.

A veces los he visto muy activos en las noches de luna llena cuando las vibraciones tienen mayor fuerza expansiva sobre nuestro planeta. Existe un calendario lunar aunque ya no lo utilicemos de forma oficial como en los tiempos antiguos. Pero se encuentra sobre todo en las zonas rurales y la agricultura ecológica lo utiliza para planificar su año de siembra. Quien se ocupa de las tareas agrícolas de manera tradicional también será consciente de la importancia de los efectos de la luna sobre las plantas. Los devas saben perfectamente que las vibraciones femeninas lunares son muy importantes porque cuando sus rayos inciden sobre la tierra se activa el equilibrio con las fuerzas masculinas de las arras y el fuego del planeta. He podido percibir a estos jocosos y pequeños devas mientras tejían la energía de los rayos lunares alrededor de las semillas de las plantas para que su siembra fuera fructífera y cuando apenas habían germinado para que crezcan con fuerza. A veces los he visto con un aspecto que se asemejaba mucho al de las plantas que cuidaban. Otros asumían formas más cercanas a lo humano. Pero nunca en ninguno de los casos superaban los veinte o treinta centímetros de altura. Estos divertidos gnomos se ocupan del aspecto físico del mundo vegetal. Cuando actúan sobre su cuerpo de éter, lo hacen enriqueciéndolo con la energía de la salud y el vigor que necesitan para luego poder transferirla al cuerpo más denso de la materia. En ciertas ocasiones, he advertido la presencia de devas aún más pequeños que actuaban como gusanitos en el interior de los estratos del terreno, de las piedras o de los troncos de los árboles como minúsculos puntos de luz. Si bien no puedo definir su trabajo a la perfección, creo que su meta es la de unir y combinar los elementos químicos de la materia.

Los elfos son muy diferentes. Sobre ellos tengo que contar una historia en concreto. Para describirlos me acercaré siempre a las palabras e imágenes de Tolkien. Cuando era una niña notaba con bastante asiduidad la presencia de seres pertenecientes a una raza o reino muy similares en su aspecto a nosotros los seres humanos. Pero eran más altos, más perfectos, ciertamente andróginos con una cara de forma alargada, ojos grandes, oblicuos, muy hermosos y la piel muy clara. Sentía que provenían de una dimensión astral muy pura. Estaban impregnados de una sabiduría y de un conocimiento ya olvidados por nosotros. Por aquel entonces yo no había leído nada de Tolkien, quien fue el primero en describir a estas criaturas en su saga de *El señor de los anillos*. Allí los elfos aparecían como una raza que vivía físicamente en la tierra en una época muy remota en la memoria del mundo.

Los encuentros que he vivido con elfos en un plano muy interior me han hecho pensar que los seres de luz que se han llamado Dei, Heloim o Nefilim en la santa biblia o Hator en el antiguo Egipto o Tuatha de Danam en las leyendas celtas son ni más ni menos que elfos. En más de una ocasión, los hilos y los motivos así como las vueltas que nos conectan a los hilos sutiles de la memoria son imprevisibles y desconocidos. La historia de la Tierra y de sus habitantes es mucho más antigua de cuanto somos capaces de recordar o conocer. Hoy, por razones de claridad respecto a las historias que los mencionan, llamo elfos a los pequeños devas del elemento tierra con los que me he encontrado y que emiten una luz brillante azul o blanca. Suelen alcanzar los diez o veinte centímetros. Se mueven muy velozmente en el aire entre las copas de los árboles y se ocupan de las zonas más aéreas de ellos. También vigilan los nidos de los pájaros y de las luciérnagas, especialmente durante el período de los nacimientos, cuando se rompen las cáscaras de los huevos.

Estos devas dirigen las fuerzas armónicas de la energía del éter que da forma al equilibrio de los troncos y de las ramas de los árboles, facilitan el ritmo adecuado para la absorción del prana solar a través de las hojas, siguiendo los ciclos cósmicos de las estaciones y regulando los elementos químicos que los árboles transforman durante las fotosíntesis.

Los devas de los árboles son las dríadas y son también los verdaderos espíritus de las plantas. Estas entidades de la naturaleza habitan en la parte astral de ciertos árboles, normalmente son los más ancianos y cuya presencia, en cierto sentido, sirve de guardia y guía a los demás árboles más jóvenes de la misma especie en un lugar determinado. Son grandes devas espléndidos, de una belleza que se aleja de los comunes cánones humanos. Pertenecen a una orden más evolucionada y con una conciencia a la vez individual y universal. Son los maravillosos seres de las montañas, los paisajes y los animales. He encontrado a estas presencias y criaturas fantásticas de estatura elevada en las cimas de algunas de las montañas que he visitado, especialmente aquellas que emiten una energía sagrada desde todos sus puntos. Y las he hallado tanto en su expresión de forma como en la que se transmite desde su ser. Estos devas son etéreos, casi transparentes, sus formas son similares a las humanas. Irradian una luz clara que recuerda la tonalidad celeste claro del hielo. Su energía se abre en flujos que nacen de su espalda con tonalidades que pasan del rosa al violeta y el plateado, es como si tuvieran alas de luz. Sus ojos son insondables y de mirada muy profunda que parecen desvelar nuestros pensamientos cuando nos miran, hasta los más desconocidos. Parece que contengan toda la montaña en su ser y que intercambien con ella las corrientes cósmicas.

Asumen las gigantescas fuerzas del equilibrio, de las construcciones y disgregaciones de las formas para transmitirlas a los devas menores de la tierra con indicaciones sobre lo que han de hacer al respecto. Algunas veces he conseguido comunicarme con ellos cuando su energía ha tocado la mía, cuando he entrado en un profundo estado de comunión con las grandes montañas de las que son guardianes. En dichas ocasiones, he recibido sabios consejos para realizar mi labor interna.

Los devas que se ocupan de una gran zona del paisaje son mucho más difíciles de contactar. Es probable que esto se deba a que son seres superiores mucho más evolucionados que los devas de las montañas. Su conciencia, por lo tanto, tiene un grado de desarrollo que no es fácil de alcanzar. Viví un encuentro totalmente inesperado con un deva de paisaje en una única ocasión. Fue maravilloso e inolvidable. Sucedió mientras yo estaba contemplando un hormiguero que bullía en actividad en plena montaña. Estaba completamente ensimismada mirando a esos pequeños seres que son las hormigas, cuando de repente sentí una presencia de gran fuerza que me impulsaba a mirar hacia arriba. A muchos metros por encima de los árboles se abría una rueda de rayos de luz concéntricos de los colores del arcoíris. En el centro había luz dorada y de allí emanaba la conciencia del gran deva. Su energía impregnaba todo el paisaje y se extendía por él. En aquella ocasión su conciencia habló a la mía y me reveló una verdad de grandes dimensiones que va más allá del sentido que solemos dar a las relaciones entre nosotros las criaturas de la Tierra. Además reveló que se puede llegar a un cierto grado de evolución en el que las conciencias se identifican las unas con las otras, fundiéndose en una unidad indescriptible que la razón por sí sola no puede captar. Los devas de los paisajes se ocupan de todo cuanto vive en su zona de acción. Son los guardianes de los animales, las florestas, las montañas y sus valles, los lagos, los ríos, las fuentes y naturalmente de los devas con deberes más específicos. Las emanaciones benéficas de estos grandes devas se difunden en un territorio por lo general bastante amplio e influencian positivamente a las personas que viven o se alojan en tales sitios sin que ellas se enteren. En algunos lugares que he visitado y a los cuales me encanta volver y así lo hago cada vez que puedo, se puede percibir la fuerza favorable, amorosa y regeneradora de estos devas. Muchas veces coincide que las zonas en las que estos grandes devas desprenden su energía también son zonas protegidas por las leyes.

Los devas superiores que se ocupan de guiar y proteger la conciencia de grupo de los animales suelen ser verdaderos guías espirituales. Normalmente asumen la apariencia y los colores de las criaturas a las que cuidan. He tenido la suerte de poder presenciar momentos increíbles y muy conmovedores cuando un animal y su deva se encuentran. Si tomáramos conciencia de la importancia de estas relaciones y del nivel de amor que se percibe, entenderíamos mejor a los animales y los respetaríamos mucho más, ya que son capaces de mostrar un respeto y un amor mucho mayor que el de la mayor parte de las personas.

Una vez, cuando paseaba por el bosque, descubrí en mi interior un ejercicio que defino con el nombre de «intercambio de magia». Bajo las plantas de nuestros pies se encuentran dos centros de energía. Son chacras. El que se ubica en el pie izquierdo emite energía mientras que el otro, el del pie derecho, puede recibirla. Nos ponemos a caminar al ritmo de la respiración. Cuando lo dominamos perfectamente, nos podemos poner en contacto con el corazón de la Madre Tierra y recibir de ella la fuerza de su maravilloso alimento sutil a través del canal del pie izquierdo. Mientras que con el pie derecho podemos darle toda nuestra gratitud y nuestro amor. Poco a poco, caminando y respirando en este estado de conciencia, empezaremos a notar el contacto con el corazón de la tierra. Apreciaremos un cambio benéfico casi enseguida. Podemos hacer este ejercicio en plena naturaleza o en un parque, pero también en una calle de cualquier ciudad pensando que bajo nuestros pies se encuentran todos los estratos de la materia que viven y vibran con la naturaleza. Ella está dispuesta a retomar su sitio siempre que le damos la oportunidad.

Los devas del agua
Hadas, ondinas y espíritus de agua dulce y salada

¿Qué vemos cuando miramos el agua? Primero notamos un elemento transparente y líquido que, sujeto a la fuerza de la gravedad, desciende en forma de lluvia; que al salir de la fuente se adapta con flexibilidad a la aspereza del terreno cavando lechos en los cuales fluye formando riachuelos, torrentes, ríos, cascadas, colma los vacíos que encuentra, genera mares y lagos. La vemos caer de nuestros grifos, la bebemos, la utilizamos para lavar nuestros cuerpos, la ropa y los platos, para preparar disoluciones homeopáticas y de tantos otros medicamentos, para tantos usos incontables. Casi nunca recordamos que es el mismo agua sagrada que nace de la fuente en la montaña, protegida por el silencio de la naturaleza. ¿Somos realmente conscientes de su valor en nuestras vidas? ¿Y de su enorme valor en la vida del mundo vegetal del cual nos alimentamos? ¿Nos damos cuenta de su importancia en el mundo animal? ¿Y en el mineral? ¿Acaso cada vez que la bebemos o que simplemente nos lavamos las manos, pensamos que forma gran parte de nuestros cuerpos físicos y que, por lo tanto, estamos unidos a este elemento de manera especial e inseparable? ¿Nos acordamos de que es un elemento consciente y sensible que asume nuestras emociones y las transporta por nuestro organismo en forma de memoria? ¿Somos conscientes de que, por lo tanto, la cualidad de esta memoria determinará la mayor parte de nuestro estado de salud tanto física como anímica? Por todo lo anterior hemos de tener en cuenta y ponernos a pensar que es necesario aprender a interactuar con el agua. Podemos modificar la vibración de nuestras emociones negativas, y tomando más conciencia sobre nosotros mismos facilitamos que el agua transporte emociones y pensamientos más amorosos. Nuestros cuerpos se desarrollan inmersos en las aguas uterinas del vientre materno. Se puede decir que nacemos del agua y somos agua.

No podríamos vivir sin agua más que una cantidad mínima de horas. Los reinos vegetal y animal tampoco podrían vivir sin agua. La tierra se vuelve árida y nada puede nacer o crecer si falta este precioso elemento. A un nivel más sutil, el agua transporta la memoria y de esta manera lleva la información necesaria para el desarrollo armónico tanto de la naturaleza del planeta como de la de nuestro cuerpo. Desde siempre el agua ha sido asociada a las emociones, con lo que recibimos sobre el plano sensible del mundo externo siempre en relación con la conciencia que adquirimos sobre nosotros mismos. En su aspecto sutil y espiritual positivo, el agua es símbolo de pureza, sensibilidad, flexibilidad y adaptabilidad, de una alegría contagiosa. En su aspecto negativo simboliza cuanto nos dejamos influenciar de los miedos y de las emociones violentas. Podemos pensar en el agua, siempre en su aspecto más espiritual, como en un vehículo que recibe y transporta las emociones del reino animal y vegetal y va a alimentar el cuerpo emocional de la Madre Tierra. Los seres humanos somos los únicos que tenemos una conciencia individual, y eso nos distingue de los demás reinos visibles, somos alma con autoconocimiento. Tenemos la capacidad de distinguir entre el «nosotros» y «los otros» y por eso tenemos la capacidad de elegir, de pensar creativamente y de discernir. Tenemos la obligación de cumplir nuestro rol de la mejor manera dado que es importante y determinante en el desarrollo armónico de la Tierra, mucho más de lo que jamás llegamos a imaginar o creer.

Una vez durante un encuentro con un grupo de devas del agua, les pregunté en qué manera podemos colaborar para restablecer un estado general de armonía. Recibí una simple aunque profundísima respuesta: «Los humanos han de ser participativos, tienen que emitir amor y gratitud». Me pareció una respuesta que señala algo fácil, pero luego al pensarlo me di cuenta de la complejidad de dicha afirmación ya que implica la transformación de nuestro modo de entender cada cosa y requiere que lo hagamos a partir del amor, que no emitimos ni siquiera hacia nosotros mismos. Aquí estamos como almas conscientes, cada vez más conocedores del proceso de la vida. Estamos aquí para participar activamente en la evolución de la materia hacia estados de mayor conciencia para que nosotros, desde un poco más allá, podamos tender la mano con amor y gratitud a quien viene justo detrás de nosotros y se esfuerza por llegar a donde estamos nosotros ahora mismo. No conseguimos imaginar hasta qué punto es importante darse cuenta de nuestras emociones y de lo que desprendemos a través de ellas en el aura del planeta en el que vivimos. Nuestras frecuencias disonantes se suman las unas a las otras e influencian negativamente a los seres vivos de todos los reinos, comprendido el nuestro, naturalmente. La fuerza de nuestras emociones negativas es disruptiva y actúa colectivamente provocando una contaminación en el ambiente de alcance devastador. Los devas son, junto a los demás seres de luz, quienes se ocupan de que nos despertemos y nos demos cuenta mientras trabajan incesantemente en la medida de sus posibilidades, para intentar neutralizar todo el desastre y la devastación que provocamos a causa de nuestro exacerbado egoísmo. ¿Cómo podemos llegar a pensar que poseemos la tierra? Ser conscientes de nuestras emociones implica ser responsables de ellas. A partir del momento en el que comprendemos que la armonía que deseamos para nosotros depende de nosotros, y no solamente en un plazo inmediato sino más largo también, abandonamos esa falsa idea de ser víctimas de un destino que nos castiga y que es perverso. Esto lo podemos comprobar simplemente observando la historia de la humanidad en la cual, como un disco rayado, se han repetido siempre los mismos esquemas de comportamiento. Quien llegue después de nosotros encontrará exactamente lo que hemos dejado. Depende ahora de lo que queremos que reciban las generaciones futuras. Podemos cambiar las opciones y elegir vivir nuestros esquemas colectivos y elegir no utilizarlos ya más a partir de un propósito de revolución personal.

El elemento agua está gobernado y cuidado por multitud de entidades de luz, cuyas esencias se manifiestan principalmente sobre una polaridad de energía femenina con grados evolutivos diferentes.

Las ondinas, por lo que he podido deducir hasta ahora, están hechas de agua. Su cuerpo es fluido, líquido y semitransparente. Su color es muy luminoso y reverbera como los cristales de agua marina aunque si viven en los riachuelos, lagos o en las cascadas, pueden aparecer en bellísimas tonalidades de verde esmeralda. Sus pies son una especie de prolongación de rayos líquidos y en ese aspecto nada tienen que ver con los personajes de los cuentos tradicionales. Son pequeñas, no alcanzan más de treinta o cuarenta centímetros. Fluyen en el agua, sobre su superficie transparente. Sus cuerpos guardan algún que otro parecido con la figura humana y como otros espíritus de la naturaleza pueden asumir diferentes formas y aspectos según les plazca. Su meta principal consiste en concentrar y hacer que fluyan los minerales que se disuelven en el agua y las corrientes de éter de energía para nutrir al mundo vegetal y animal, sea acuático o terrestre. No parecen cansarse ni aburrirse de un trabajo que podría ser muy repetitivo. Todo lo contrario, siempre están alegres, como si estuvieran jugando y disfrutan de lo que hacen. Cuando he escuchado su canto maravilloso, he intuido que estaban en este mundo haciendo circular información en el agua para que los cuerpos sutiles de este precioso elemento puedan purificarse en la medida de sus posibilidades.

Las hadas han sido asociadas tradicionalmente con el elemento aire. Pero aun siendo aéreas, pertenecen siempre al elemento agua, aunque en la forma de vapor. Son de dimensiones variables. A veces pueden llegar a medir solamente unos cuatro o cinco centímetros; otras son grandes como las ondinas. Su aspecto es mucho más cercano al humano. Parece que tienen alas porque sus destellos luminosos se expanden en espectaculares rayos de colores. Muy raramente están solas. Suelen ir en grupos más o menos numerosos. Son hermosas y vivaces. Las hadas cuidan de las partes verdes y de los colores de las plantas y de las flores plasmando materia de éter para que así sus criaturas reciban su idea futura de desarrollo. Cuando una pequeña semilla brota, se pueden ver en el aura de la plantita las formas de la futura planta con sus hojas grandes en materia de éter. Así poco a poco las hadas estimulan la evolución de las especies vegetales. Lo mismo hacen con las innumerables variedades de flores y de frutos, a los cuales dan la información sobre su sabor, color y su perfume. Las hadas concentran en la clorofila el alimento físico y sutil para su vida y regulan la humedad del aire necesaria para cada especie del reino verde.

He tenido la espléndida oportunidad de observar fuentes y cascadas de cerca y ver los devas de dimensiones mayores, cercanos a nuestra estatura media. En tiempos más antiguos estas entidades se llamaban nereidas y ninfas, las misteriosas guardianas de las fuentes. Son entidades con conciencia individual, de gran belleza, capaces de dar mucho amor. Con muchas de ellas he mantenido un riquísimo diálogo interior. He podido sentir y apreciar el profundo sentido de devoción que tienen hacia sus criaturas. Es un tipo de devoción que nada tiene que ver con el fanatismo del que somos capaces los humanos. Su entrega es una respuesta de amor incondicional al amor universal de la que todas las manifestaciones de la vida provienen. Su luminosidad es muy extendida, emiten luz de color en rayos maravillosos y en círculos de arcoíris, desde el centro hacia afuera. Estos devas son los guardianes de las fuentes y de las cascadas. Imprimen en los devas menores del agua el sentido y la idea del deber que han de realizar. Algunas fuentes que son especialmente puras y sagradas albergan devas de igual intensidad. Emanan sabiduría y mucha fuerza, los colores de sus auras adquieren matices más brillantes de luz blanca y dorada o azul y dorada. La fuerza de su amor y sabiduría se difunde ampliamente en todo su entorno imprimiendo en los lugares donde están una vibración sanadora que devuelve la armonía. Es esto lo que ha permitido que algunas fuentes sean consideradas lugares de sanación. Si pasamos un tiempo en estos lugares en recogimiento, la fuente de purificación y de equilibrio abrazará nuestras emociones alteradas aún si no somos del todo conscientes.

En pocas ocasiones he mantenido contacto con entidades de la naturaleza marina. Son los devas que en la mitología clásica se denominan nereidas, sirenas y tritones. El mar cubre toda la tierra y de esta forma se llenan todos los vacíos. Todo aparece uniforme, pero acontece solamente en la superficie porque los vacíos y las prominencias están escondidos en las profundidades. Es un símbolo de las emociones que aún no han sido resueltas ni observadas y que nos pertenecen. Nuestras emociones son como las olas que suben y bajan continuamente. El poder destructivo de las olas incontroladas, al igual que las que se improvisan en el mar, afecta a todo cuanto encuentra a su paso, destruyéndolo y arrastrándolo.

Cierta vez viví un contacto con una nereida mientras estaba en el agua y me dejaba acunar flotando con los ojos cerrados, sostenida por el salado líquido azul. Noté que se acercaba a gran velocidad y que luego me abrazaba. Sentí su profunda respiración y luego cómo su voz se amplificaba en la líquida superficie con un tintineo poderoso, como si hubieran sonado grandes campanas de cristal en el agua. Toda esa fuerza repentina fue demasiado para mí y el contacto se interrumpió. Pero he conservado el recuerdo de un impresionante y benévolo poder. A veces, si no estamos listas para reconocerlo el amor puede asustarnos.

Podemos aprender a obrar de manera consciente con el elemento agua, sabiendo que vincula y transporta la memoria de las emociones en nuestro cuerpo, sin olvidar las vibraciones que se cruzan y unen entre sí y hacen los propio con las personas para que nos demos cuenta y notemos cómo estamos unidos y relacionados. Cuando dejamos salir las emociones negativas, mientras pedimos y permitimos que el agua que bebemos o con la que nos lavamos nos proteja y nos purifique, el amor que recibimos a través del agua cuando nos toca por dentro estimula que emerja el amor que hay en nosotros. Podemos transformar así las emociones negativas en sentimientos positivos que dirigimos hacia nosotros mismos. Entonces, el agua que hay dentro de nosotros recibe otro tipo de información además de estímulos de armonía, equilibrio y sanación que comienza a viajar por nuestro cuerpo. Cada vez que hacemos algo similar ponemos en marcha un acto mágico. Ésta es la verdadera magia que podemos aprender. Y cuando nos mostremos más abiertos para con nosotros mismos, sabremos emanar pensamientos y emociones más amorosos y armónicos hacia todos aquellos con los que nos encontremos y hacia las entidades que se prodigan incesantemente para mantener en equilibrio el precioso elemento que el hombre ha desperdiciado durante tanto tiempo. Así nos volvemos participativos y proactivos, los unos con los otros por el bien común, sabiendo que volvemos a ocupar nuestro lugar luminoso dentro del gran proyecto divino.

Los devas del aire
Las sílfides y los devas del aire

El aire es un elemento sutil, invisible, presente en todas partes y en los vacíos de cada cosa que vemos. Respiramos aire, en él casi sin saberlo nos movemos a diario y en él nos apoyamos para no perder el equilibrio de nuestros cuerpos. El aire puede transformarse en sonido, música y palabras. Mueve las olas sobre la superficie del mar y de los lagos, transporta los rayos de los astros hasta nosotros, nos transmite el calor del sol, agita las copas de los árboles, transporta las semillas para que puedan florecer. Sostiene las alas de los pájaros y transforma la luz en abanicos de arcoíris. El aire también nos da sensación de libertad. Se parece a los pensamientos, invisible y, sin embargo, real en el movimiento de nuestras mentes.

En el nivel espiritual, el aire está conectado, en efecto, con el cuerpo mental, con el pensamiento y la facultad de la imaginación, en la cual podemos reconocer y transportar las ideas y dar alas a nuestros sueños. En su aspecto positivo el aire es el símbolo del mensajero celeste, de la mente clara que no está dominada por los esquemas del miedo, que alcanza el mundo de las ideas y conduce su pensamiento hacia la concreción y la realización de sus planes. En su aspecto negativo se vuelve confusión, falta de confianza, inquietud, opacidad, divagaciones estériles, incapacidad para concluir los asuntos y falta de contacto con la realidad. De quien sueña con los ojos abiertos o usa la mente sólo para perderse en sus propios laberintos abstractos se dice que tiene la cabeza entre las nubes.

Los devas de este elemento se llaman sílfides. No es nada fácil verlas porque son tan transparentes como el aire y fluyen veloces en los estratos más elevados del cielo, cerca de las nubes. A veces es posible verlas como rayos que pasan fulgurantes y llenos de luz blanca, pero desaparecen enseguida y parten hacia zonas que se ubican más allá de lo perceptible. Su trabajo consiste en canalizar el prana cósmico acompañado de la luz del sol a los estratos más densos de la atmósfera para que el cuerpo de cada ser viviente pueda recibirlo y absorberlo a la par que nutrirse. Estos devas regulan la densidad del aire y también la purifican todo cuanto les es posible, intentando restablecer el equilibrio que nosotros hemos roto.

Los devas del aire asumen diferentes personalidades con los vientos unidos a puntos cardinales del norte, sur, este y oeste y actúan en sinergia con las vibraciones cósmicas que provienen de los diversos puntos cardinales. Las cuatro diferentes direcciones transmiten su influencia mediante los vientos o los devas de los vientos a toda la naturaleza y a todas sus criaturas. Naturalmente nosotros, como criaturas de este planeta, recibimos el efecto de los vientos según su dirección. Según soplen vientos del norte, sur, este u oeste, recibimos energías de concentración y de calma, de estimulante energía creativa, de rejuvenecedora energía vital o de somnolencia y cansancio. El movimiento producido por los devas de los vientos, desde la delicada brisa hasta las turbulencias de las tempestades, regula los ritmos y la calidad de nuestros pensamientos así como de nuestros estados emocionales, todo lo cual produce importantes consecuencias en la calidad de nuestro trabajo interior y exterior. A veces he notado sílfides muy hermosas, alegres y juguetonas en formas similares a pequeñas turbulencias de aire que provocan una fuerte brisa de alegría y ligereza. Otras veces su presencia ha revelado un carácter más grave o dulce o sensual, depende de cada momento. La sensualidad de las brisas de las tardes de verano o la melancolía lánguida de ciertos vientos de otoño. Su aspecto siempre me ha parecido muy diferente del humano, más que nada por la intensidad de sus conciencias, que percibía como insondables lagos de aire, en los cuales nuestras emociones no se reconocen. Son seres de una belleza impenetrable y se mantienen distantes de las emociones que nos son familiares. He aprendido con el tiempo a familiarizarme con los devas del aire, especialmente con los señores de los vientos y a no sufrir su influencia cuando no la necesito. Pero antes no era así y algunos vientos me causaban un gran malestar. Si nos abrimos a recibir sus diferentes, y a veces turbulentas, energías y si aprendemos a canalizar sin oponernos a ellos, como muchas veces se hace inconscientemente, los resultados no se harán esperar. Es importante escuchar cómo nos afectan ya que así podemos obtener mucha información sobre ellos y sobre nosotros. Luego, poco a poco, es necesario que nos habituemos al ritmo de exteriorización e interiorización que ellos transmiten y que regulan nuestros ciclos biológicos de actividad y reposo. Muchas veces no nos damos cuenta de que el flujo de nuestros pensamientos no nos permite relacionarnos con libertad, a veces puede volverse reactivo. No caemos en la cuenta de cómo el flujo de nuestra mente determina lo que somos y de cómo nos alejamos del pensamiento creativo libre de esquemas prefijados. En ocasiones respondemos más con la reacción que con la acción mientras los hechos externos nos hacen de espejo. Un pensamiento necesita encontrar su acorde musical con las emociones, liberarlas y guiarlas hacia la luz de la conciencia. Sólo así se podrán transformar las viejas formas en las que muchas veces se han cristalizado pensamientos y emociones. Los pensamientos necesitan encontrar su independencia para liberarse de la influencia de nuestro yo.

Nuestros pensamientos también están hechos de materia. Es una materia infinitamente más sutil pero, a la vez, lo suficientemente densa como para crear formas en nuestros cuerpos sutiles y en el de la Tierra en la que vivimos. Si pudiésemos ver las formas resultantes de nuestros pensamientos negativos, nos quedaríamos horrorizados. Pero nos asustaría aún más ver cómo actúan porque, una vez que se emiten, cobran una total autonomía y vitalidad. Se alientan de nuestras culpas y miedos y nos influencian con sus vibraciones sin que nos demos cuenta. La Tierra está contaminada por las emisiones de nuestros pensamientos repetitivos al juzgar, sentir rencor, ser serviles, sentirnos superiores, necesitar posesiones o poder, mostrar avaricia o indiferencia y tantos otros modos aún. También está contaminada a causa de nuestro desamor hacia la divinidad que espera dentro de nosotros que nos despertemos y empecemos a recorrer el camino de nuestra maestría. Otro pensamiento importante que provoca suciedad ambiental es la acusación a Dios por haber abandonado a sus hijos en un mundo inestable de dolor y sufrimiento. Pero como afirma Sri Sathya Baba,

«Dios no abandona a los que ama, cada vez que un hombre sufre por el abandono del padre y la madre, ese mismo hombre ya ha abandonado a su padre divino y lo vuelve a abandonar cada vez que rechaza abandonarse en sus brazos».

Hasta que no pensemos en un mundo separado de nosotros y actuemos y luchemos para ganar el derecho de poseerlo para acercarlo a nosotros, seremos simplemente creadores y víctimas de nuestro destino. A veces un huracán imprevisto y destructivo es el intento de restablecer un equilibrio gravemente alterado. Lo peor es que no nos damos cuenta de que hemos sido nosotros quien hemos creado ese estado de cosas que necesitan ese huracán. Intentemos imaginar cómo sería un mundo en el que, reconociendo nuestra alma a la par que el alma del mundo, aprendiéramos a participar para incrementar y mantener la armonía emitiendo pensamientos positivos de amor. Existen también las formas de pensamientos de amor, alegría, comprensión, empatía, respeto, tolerancia, belleza, ligereza, etc. Este tipo de pensamientos tienen la misma influencia o aún más sobre la naturaleza humana y toda las cosas que viven en ella que los pensamientos negativos. Todos buscamos compartir esta casa grande y hermosa que llamamos Tierra, para ello es necesario hacer más.

Alguna vez nuestros pensamientos de amor se han quedado encerrados dentro de nosotros. ¿Cuántas veces? ¿Cuántas veces hemos sentido miedo de entregarnos al amor? Y no contemos las veces que hemos temido que nuestras emociones nos traicionaran y no hemos sido capaces de arriesgar, de ser aquello que sentíamos en el corazón. Hemos elegido seguir por otros caminos, tal vez más seguros, más tibios, pero en los cuales el calor de nuestro corazón se debilita. Muchas veces no confesamos el amor que sentimos por miedo a mostrarnos completamente desnudos y solos. Así perdemos ocasiones de vivir nuestra vida a pleno pulmón, con la carga total del aire que nos hace falta. Luego, poco a poco, nos vamos quedando sin aire. Razones las hay, a veces sólo recordamos las emociones del pasado y que eran de desilusión y dolor. Pero el amor se aprende si nos arriesgamos y no sabremos nunca del todo hasta qué punto es importante vivirlo en todos sus matices. No importa si pensamos que perdemos un poco de la estructura de nuestra personalidad. El pensamiento vive en sinergia con las emociones. A veces las emociones son solamente el conductor, como un motor capaz de transportarnos más allá de nosotros mismos. Es entonces cuando el pensamiento se vuelve creativo y es capaz de tomar la libertad hasta el infinito, libre de las estructuras estereotipadas con las que creemos que podemos pasar desapercibidos y camuflarnos.

Los espíritus del aire cantan continuamente en nuestro interior su canto de libertad. Si lo escuchamos nos sentiremos encantados en conexión directa con nuestro espíritu que es quien entona esa melodía. Tenemos un tiempo determinado para todo esto. Aprovechemos cada momento porque no sabemos cuánto puede durar. O no sabremos jamás si nos habría ido bien si nos hubiéramos atrevido a hacer aquello que tanto deseamos.

Los devas del fuego
Las salamandras
y los grandes devas del fuego

Se cuenta que en un momento dado el hombre descubrió el fuego, o mejor dicho, descubrió cómo generarlo y cómo usarlo. Descubrir lo agradable de su calor y su fuerza que funde los metales. El fuego nos ha servido en la historia de la humanidad para forjar utensilios, armas y joyas, para cocinar, para iluminar la oscuridad de la noche. Nació de la fricción entre dos piedras de una roca especial y desprendió la llama roja y viva. ¿Pero qué es el fuego, el cuarto y más puro de los elementos? Su tendencia natural, al contrario del agua, es la de subir a las alturas. Está escondido en el aire y en la tierra y en los cuerpos de materia de las partículas invisibles que llamamos electricidad. Arde en el sol y en las estrellas. Camina en la tierra y se desahoga en los volcanes.

En el plano físico es el calor que calienta y que transforma la materia. Desde el astro que ilumina y genera vida en la Tierra a los trozos de leña que sirven de brazas y carbón, pasando por la combustión o la preparación de la comida hasta la acción que descompone las formas mediante la putrefacción. En el plano sutil y espiritual el fuego es la fuerza trascendente que eleva la conciencia del plano menos evolucionado de la pasión emotiva al místico e iluminado del espíritu. Es parte esencial de la magia alquímica que estudia la transmutación de la materia densa en el oro de la iluminación. Es la iniciación que permite que las fuerzas que se aniquilan y destruyen y que nacen del orgullo y la indecisión se vuelvan integridad y determinación. La rigidez y la obstinación dan paso a la versatilidad y a la flexibilidad; la rebelión y la impaciencia encuentran el respeto y el autocontrol, la cólera se detiene ante la calma. Es la pasión creadora, el entusiasmo generativo de las formas.

Es apasionante observar la liberación del fuego cuando desde una primera y débil llama nacen lenguas que bailan, se unen y se dividen para entrelazarse otra vez mientras se alzan hasta soltarse por completo en el abrazo invisible con el aire. Es como ver un encantamiento, mientras saltan imágenes extrañas de formas y cuerpos en misterioso movimiento.

Cuando se enciende un fuego en la noche, en el campo o en la montaña, en una chimenea dentro de una casa, siempre nos recogemos, unidos por un sentido de intimidad que se desprende de su calor. Es más fácil dejarse llevar porque nuestros corazones se regocijan, se cuentan historias, hay una invitación implícita a la charla y el diálogo, es el momento en el que surgen las primeras intuiciones y comprensiones más amplias que nos inspiran imágenes de fantásticos mundos de luz. En las llamas vivas y ardientes están los devas del fuego, los que se conocen como salamandras. Probablemente, una antigua creencia atribuía a estos animales la capacidad de regenerarse del fuego como si fuesen dragones. Los espíritus del fuego están entre los más difíciles de contactar, justamente porque encarnan también el aspecto espiritual e iniciático a un tiempo. Con todo, es más fácil contactar con las salamandras que con los grandes devas del fuego.

El aspecto de estos misteriosos espíritus de la naturaleza es realmente de una belleza sin precedentes. Sus cuerpos están compuestos de la esencia más etérea del fuego, poseen una luz brillantísima, con alas de llama azul, roja y violeta hasta alcanzar el color del oro en su aspecto más luminoso. He tenido la suerte de poder observarlos en algunas hogueras e incluso en las delicadas llamas de las velas. En esas ocasiones su aparición estuvo acompañada de una quietud repentina en el aire mientras la llama se quedaba fija y no se movía. En el centro del fuego se mostraba una figura bellísima, muy parecida a las formas humanas pero con una cabeza más alargada que parece sugerir la forma de la llama. El ser de estos devas emite una luz de tonalidades blanco y oro rodeada por los colores de la propia llama de donde sale. En la zona superior de la cabeza se puede ver una pequeñísima llama violeta o índigo, muy pura, transparente y límpida. Estos devas tienen una fuerza extraordinaria, inescrutable e imperturbable. Su fuerza de amor es absoluta y está más allá de la emoción y de la mente; y también es conciliadora y penetrante. Tiene la capacidad de contactar con el fuego que duerme en nuestro corazón para encenderlo.

Pueden aparecer en muchas formas y muy grandes, incluso de metros de longitud. Algunas salamandras son más pequeñas, de algunos centímetros, como las que viven en las llamas de las velas. Recuerdo una vez que estaba escribiendo bajo la fiebre de una intensa inspiración. Sobre la mesa que me servía de apoyo había una vela encendida. Había encendido el estéreo, sonaba una dulce música. En un determinado momento me llamó la atención la luz de la vela porque su llama se había alargado y estaba inmóvil. Fue entonces cuando la pequeña deidad del fuego se mostró con el aspecto de una pequeña figura femenina que se puso a bailar al ritmo de la música. Seguía perfectamente el ritmo, se plegaba en un sentido o en el otro, se alargaba y daba una vuelta. Yo la observaba encantada. Y así estuvimos hasta que la música se acabó. Desde entonces he aprendido a no soplar las velas cuando quiero apagarlas. Agradezco y saludo su fuego antes de apagarlas reduciendo el fuego delicadamente.

Existen devas del fuego aún mucho más pequeños cuya presencia he sentido alguna vez en la profundidad de la tierra. Su deber es fluidificar y combinar químicamente los componentes de los metales y de los minerales para formar y transportar a través de las profundidad las vías de fuego del subsuelo que luego se abren en los volcanes. Todos los devas del fuego están dirigidos por la voluntad de los devas mayores de este elemento, con los cuales he tenido contacto de tipo interno. Su fuerza es espectacular e incomprensible.

El deber de las salamandras, desde las más pequeñas hasta las más grandes, es proporcionar el calor necesario cuando nace la vida, cualquier tipo de vida. Son ellas quienes dan el impulso fecundador para que la vida se establezca y avance hacia su modelo de crecimiento con la ayuda de las hadas. Su acción estimula y produce el calor que empuja hacia las formas de vida, su desarrollo y la madurez del ser. Al final del ciclo, descomponen la vida en los elementos básicos y se vuelve a comenzar el ciclo. Como otros espíritus de la naturaleza, los devas del fuego mantienen y regulan el equilibrio terrestre. Aunque a nosotros nos pueda parecer difícil de comprender, ellos son los que originan los terremotos, los rayos y los relámpagos de las tormentas. El diseño del equilibrio no es fácil de entender y menos de aceptar porque muy a menudo las fuerzas de la naturaleza toman parte importante de esta acción. Los terremotos son muchas veces causas de desastres en los que perecen muchas personas. Una vez, durante un terrible terremoto en una región italiana, sentí muy claramente y vi su acción con mi visión interior. Había una multitud de estos devas, unidos como un único ser, que flotaban a una velocidad inaudita en las vías de fuego más profundas de la tierra intentando aferrar y transformar una enorme masa oscura, densa como la niebla negra que se les escapaba. Me pregunté qué podría ser eso que actuaba como una entidad autónoma. A lo mejor era una egrégora, una aglomeración de formas de pensamientos destructivos que actuaba desde el interior del éter del planeta. Quizás algún día y de alguna manera hemos sido precisamente nosotros los responsables, creándola con nuestras emociones y pensamientos más bajos y mezquinos. Puede ser... Nuestras conciencias hoy en día están más evolucionadas que hace tiempo, tenemos más instrumentos y somos más conscientes. Por eso mismo deberíamos ser más responsables de nuestros pensamientos, emociones y acciones.

Cuando vi aquello, pedí con todo mi corazón a las fuerzas del fuego que moderaran su terrible impacto. Estoy segura de que a mis rezos se unieron los de muchas otras personas o tal vez la audacia de la petición sirvió para hacer menos destructivas las fuerzas que se habían activado. Si no lo hubiéramos hecho podría haber sido mucho peor. Siempre vale la pena atreverse y osar pedir con todo el amor que hay en nosotros. Cuando nuestro pensamiento vuelve a encontrar el camino del corazón y se acerca, poco a poco, al amor universal, más allá de los conceptos del bien y del mal, ya no se pretende saber aquello que está bien o mal. En nuestro continuo debate sobre la dualidad entre el bien y el mal hay mucho de relatividad. La clave está en el alcance de nuestros intereses y nuestra limitada comprensión. En general intentamos hacer el bien por oposición al mal, pero nuestro bien puede ser negativo para otros. La historia humana está demasiado llena de hechos que así lo demuestran. Tampoco se trata de todo lo contrario. Simplemente hay que estar alerta. Tenemos que prestar mucha atención a las consecuencias. ¿Acaso nuestro bien no conllevaría un mal para otros? Esto implica ponernos en la cabeza de otras personas y sobre todo en su corazón. A veces actuamos con las mejores intenciones pero cegados, estamos convencidos de nuestras altas miras, de que nos mueve un propósito mayor cuando, en realidad, queremos que nuestro espejo personal nos devuelva una imagen preconcebida sobre nosotros. Antes de hacer el bien, piensa, analiza y pregunta. Muchas veces nos equivocaremos, porque es parte de nuestra historia, pero cada vez un poquito menos y así nuestro bien será más auténtico y respetuoso con nosotros y los demás.

La acción del fuego espiritual que actúa en nuestro interior es la encargada de que la intuición ilumine nuestros deseos y nuestra capacidad de ser más sabios. También es de importancia capital en nuestra conciencia para hacerla más alerta y despierta. Permitimos al fuego que haga sacrificios en nosotros, le permitimos que queme las formas de nuestra densidad para que así eleve nuestros pequeños deseos hacia alturas más sublimes y nos confiamos en su sagrada e incorruptible esencia. Ella se encarga de nuestra trasmutación y de que recibamos su respuesta siempre llena de alegría. A nosotros nos corresponde la fe y la confianza.

Los cuatro elementos en nosotros

¿Por qué la naturaleza genera en nosotros de manera imprevista sentimientos conmovedores? ¿Por qué estimula nuestro corazón en la intimidad? ¿Por qué a veces nos sume en una nostalgia que nos atenaza? Francisco de Asís entendía las manifestaciones de la naturaleza como hermanos y hermanas. Así nos indicaba que somos todos una única, grande y maravillosa familia, todos nacidos de la misma madre y del mismo padre. Él veía cada forma de la naturaleza como una viva expresión de Dios, para nada separada del hombre.

Si pudiéramos ver lo que nuestros ojos no ven y pudiéramos tocar los hilos de las energías luminosas que nos conectan los unos a los otros, hilos que nacen de la misma madre y del mismo padre, entenderíamos perfectamente las palabras de san Francisco. Todos esos hilos nos conectan en una finísima red luminosa. Esa luz es infinitamente vibrante, tanto que puede pasar desapercibida a nuestros sensores ordinarios. Nos mantiene unidos a cada cosa, a cada persona, cada criatura vegetal, mineral, animal, a nuestros ancestros, a los ángeles. Es un maravilloso tapete de concatenaciones que abraza el universo entero tanto visible como invisible hasta la fuente de la vida que llamamos Dios. Son luces vibrantes que operan como cordones umbilicales y que nos unen estrechamente y de manera indisoluble al creador de la vida. Es una materia invisible que llamamos éter, precisamente es el quinto elemento sobre el que hablan todas las antiguas tradiciones espirituales.

Todo cuanto vemos está unido a un todo mayor, a la fuente primaria de la cual ha nacido la vida en cada una de sus formas. Las galaxias, el sistema solar, las estrellas, los planetas y cada único elemento que vive en ellos. Cada forma viviente es un prolongación o expresión de ese todo que lo ha generado y que lo contiene, como un hijo que tiene dentro de sí las energías de sus padres, o como la simiente que encierra a un árbol dentro de sí. Lo ideal sería imaginar la Tierra como un ser de manifestaciones que contiene dentro de sí la memoria de todo el universo al cual pertenece y, por ello, también posee la memoria de la fuente que la ha generado. En nosotros, las mujeres, hombres y niños de este mundo, también está contenida de la misma manera la memoria del universo entero y, por lo tanto, toda la memoria de nuestra Madre Tierra.

Usamos la expresión «de corazón a corazón» cuando queremos una relación de profundo amor y diálogo sincero entre nosotros. Sabemos que es precisamente el corazón el órgano mágico que hace vibra las cuerdas de nuestra alma. Sabemos, en nuestra memoria sutil, que estamos conectados a través del corazón y que cuando hablamos desde allí, sucede algo que es siempre único y especial entre nosotros. El corazón de la Tierra está en profunda consonancia con nuestro corazón, su alma, con nuestra alma. En efecto, el cuerpo de nuestro planeta está en resonancia con nuestra alma colectiva, ese cuerpo único que somos en cuanto humanidad. Es el conjunto de nuestras emociones, sentimientos, pensamientos. Podemos así vislumbrar cuánto nos influencian los unos a los otros. Realmente, al fin y al cabo, jugamos un único papel determinante en el presente que nos ha tocado vivir.

Las cuatro fuerzas principales de tierra, aire, agua y fuego son expresiones del alma universal que responde ante las leyes de la armonía y del equilibrio. La acción de los cuatro elementos se percibe a través de un complejo sistema de símbolos que resuenan directamente en la memoria anímica. Su significado tanto simbólico como espiritual se articula en concordancia con nuestras emociones, sentimientos, pensamientos y cuerpos físicos. Cada una de nuestras emociones alcanza el corazón de la Tierra y como un diapasón entra en resonancia con toda la naturaleza. Nuestros sentimientos de amor nacidos desde la profunda emoción de nuestro corazón generan una respuesta positiva en toda la naturaleza. Si abrazamos un árbol impulsados por un gran sentimiento, puede parecer increíble, pero todos los árboles de la Tierra sentirán nuestro abrazo y los encontremos donde los encontremos siempre reconocerán nuestra vibración.

Cuando descubrí que la ciencia, cada vez más cercana a la visión espiritual de la vida, contempla y puede confirmar este sentir de relaciones energéticas que une las vidas con la vida, me sentí completamente entusiasmada. Lo que antes topaba con su condición de no demostrable y generaba, a consecuencia, el escepticismo, ahora finalmente puede ser considerado una realidad objetiva y puede cambiar de verdad la conciencia del género humano.

La tierra, el aire, el agua, el fuego y todas las formas de materia que de ellos nacen están presentes en nosotros. No lo olvidemos, en nosotros está todo el universo y todo el poder maravilloso que contiene y expresa. A veces no creemos que sea efectivamente así, pero la memoria de nuestra relación con el todo no se ha borrado, disuelto ni apagado. Es la memoria de nuestra alma. Podemos iniciar un viaje hacia nuestros orígenes, hasta la fuente universal, el centro, el corazón del cual ha nacido el universo.

Nuestra alma es el contenedor de toda esa memoria, de las emociones, de los sentimientos y del conocimiento adquirido en el largo viaje de ida y vuelta de nuestras vidas. La memoria de nuestra alma, aunque nosotros no seamos plenamente conscientes, nos habla a través de los símbolos de nuestros sueños, a través de las emociones y los sentimientos. Yo diría que son precisamente las emociones las que nos hacen recordar los recuerdos que el alma guarda y atesora. Las emociones nos vuelven a conducir hacia nuestro corazón. Es precisamente cuando sentimos que el mundo nos parece diferente, más hermoso, con más magia y nos percibimos unidos al irracional sentimiento de pertenencia a la vida. En tales momentos nos sentimos verdaderamente bien. ¿No es así? Quien lo haya vivido lo sabe. Esos pequeños instantes disuelven dulcemente la nostalgia del alma, porque hemos entrado en ese espacio sagrado que reside en nosotros, en el corazón del corazón, el centro en el que estamos todos fusionados, en perfecta unión con cada cosa. Las emociones que nacen de este centro son profundos sentimientos de amor, belleza, alegría, gratitud, ternura, compasión y conmoción. Cuando expresamos todo esto nos reunimos con la fuente original y nos sentimos colmados de un amor expansivo, sin confines, ilimitado. Cada cosa que existe resuena con las frecuencias que emitimos para regresar a nosotros amplificadas y enriquecidas de la frecuencia de armonía. Cuando amamos somos felices. Entonces, podemos mirar a la Madre Tierra y a nosotros mismos como el espejo armónico del uno en el otro.

En el momento en el que comenzamos a intuir las acciones de los devas en relación con los cuatro elementos, empezamos a comprender que cada uno de ellos refleja algo en relación con nuestro comportamiento. Podemos así entrar en contacto interior con los espíritus de la naturaleza para profundizar en lo que nos muestran sobre nosotros para hacernos más conscientes y activos en nuestros proceso de autoconocimiento e iluminación. Los cuatro elementos no se oponen entre sí, sino que se unen y comparten espacios donde confluyen y se complementan para cumplir un único objetivo que es su reunión en el centro, en el corazón de la Tierra. Al trabajar con ellos como nuestras imágenes, nosotros también operamos como ellos y podemos volver a activar el equilibrio que necesitamos. Nosotros también podemos dirigir nuestro viaje hacia nuestro centro, allí donde se origina nuestra capacidad creativa. Los cuatro elementos son complementarios entre ellos, expresan esencias masculinas y femeninas que se manifiestan en los opuestos en nosotros, a partir de las dos principales frecuencias que nosotros solemos llamar dualidad. El aire, elemento masculino, es complementario de la tierra, elemento femenino. Y el agua, elemento femenino, es complementaria del fuego, elemento masculino. Lo que la tierra hace concreto encuentra su complemento en la ligereza del aire, que se encarga de abrir la mente y expandir la visión que en el elemento tierra quedaría rebajado. El aire se mueve en lo alto mientras la tierra se mueve abajo. Así, el aire es un reflejo en el que la tierra puede mirarse para liberarse de su peso y aligerar su tendencia a la gravedad. La tierra, mediante el aire, puede desbloquear o perder parte de su rigidez gracias al aire. Y a su vez, el aire se refleja en la tierra para encontrar su nivel de concreción, para que las cosas no se queden en el aire necesitan echar raíces en la tierra. El pensamiento, simbolizado por el aire, encuentra su forma de realizarse y estructurarse porque a veces en su espacio sin confines puede perderse. Lo que en la tierra es estructura, en el aire encuentra el camino para elevarse en su libertad comunicativa. Cuando ambos elementos se unen, dan vida a la inteligencia de la forma creada.

El fuego transforma y sublima lo que en el agua puede dilatarse en modo excesivo y dispersarse irrumpiendo, a veces, de manera incontrolada. El agua frena el ímpetu del fuego que puede incinerar cada cosa a su paso bajo la fuerza de su impulso. El agua es emocional y el fuego es espiritual, se complementan y si se acercan con cautela, el agua puede ceder parte de sí misma en favor del calor del fuego que la transforma en vapor. Así se sublima y se dirige a lo alto, por encima de sí misma hasta las regiones superiores del corazón. Su unión es la fuerza fértil generadora de la vida. Lo femenino y lo masculino, la emoción y el pensamiento racional, el corazón y la mente, tienden a encontrarse en los símbolos de los elementos para reunirse y así hallar el espacio armónico donde se enriquecen mutuamente.

Los elementos también tienen un reverso en el que daríamos con los conflictos, los miedos, los excesos emotivos, la rigidez mental, entre otros factores, todos ellos opuestos a las manifestaciones solares y naturales de nuestra alma.

¿Qué revelan en nosotros estas fuerzas? Podemos observarlo en la manera en que nos expresamos en nuestra vida y buscar cómo se manifiestan en el plano anímico y espiritual. Necesitamos contemplar cómo actúan y, para ello, lo mejor es simplemente experimentar con la sensibilidad y la imaginación los diversos aspectos de cada elemento y su reflejo en nosotros. Recuerdo una vez en que me sentía muy frustrada por una serie de contratiempos que se estaban produciendo en mi vida. Yo tenía la intención de hacer las cosas bien y no me daba cuenta de que en realidad estaba respondiendo de manera rígida según mi idea de hacer las cosas de la mejor forma posible. Quería tener todo bajo control, que no fallase nada para que así todo saliese bien. Todo lo que estaba pasando dio como resultado mucha tensión y mucho cansancio. Así que decidí alejarme para tomarme una pausa cerca de la naturaleza y me fui a la montaña. Entré en sintonía con ella y con el elemento tierra que la compone básicamente. Podía contemplar su solidez, su compostura, su integridad. Le pedí que me hiciera ser como ella. E inmediatamente sentí una energía que me impulsaba a mirar en dirección a uno de los lados de la montaña. Allí había una pequeña cascada que descendía entre las piedras y que al bajar formaba una pequeña fuente. Sentí la voz que me señalaba que era eso lo que debía integrar. Entonces observé el agua y cómo se comportaba. Noté cuánta fuerza tenía y a la vez cuánta ligereza. El hilo de agua se adaptaba y fluía sin dolor entre las piedras y la aspereza de la montaña. Luego aquella pequeña fuente de roca llena de agua tranquila, como un diminuto lago secreto donde parecía que no pasaba nada, quedó en total calma. Busqué las sensaciones que la cascada reflejaba en mí y me di cuenta de lo que había estado haciendo últimamente sin ser consciente. Me había obcecado. Había dejado de escuchar mis emociones y mis necesidades. Podía aceptar y liberarme de la sensación de deber y de contestar afirmativamente a todo cuanto me pedían. Podía elegir comportarme de la manera en que el agua me estaba mostrando, permitiendo que el flujo de mis verdaderas emociones se hiciera vivo y fluyera entre las piedras que había puesto para encerrarme. Así podía liberarme de la sensación de pesadez que tenía últimamente. Podía adaptarme y familiarizarme con un aspecto más suave de mí misma. Comprendí que en mí también vivía la fluidez y la facilidad del agua, que podía nutrir y fertilizar mi idea de deber al mismo tiempo que podía dulcificarlo y vivirlo no como una obligación sino como una lección.

Trabajar con las fuerzas de los elementos, gobernados por los devas, nos permite trabajar con nuestras fuerzas interiores. Ellas se traducen en nuestro comportamiento y en la manera en que nos expresamos. A veces nos ponen a prueba a través de pasos iniciáticos que nos guían hacia la intuición y la comprensión de nuestros procesos vitales, emocionales y mentales, como espejos de nuestra sombra. Muchas veces tenemos miedo del infinito, del poder del amor total que habita en nosotros porque estamos acostumbrados a la seguridad de nuestros límites. Nuestra personalidad es la suma de tantos y tantos pensamientos, expectativas, deseos y emociones, muchos de ellos nos han sido impuestos desde el exterior. Hace falta despertar nuestra personalidad emancipada y formada a partir de lo que realmente somos. El miedo produce la necesidad de control. Pero el control provoca la separación emotiva de la realidad de la vida. Sin el empuje de las emociones no tenemos acceso a la creatividad, son ellas las que generan fuerza, nos animan, crean horizontes y nos sanan. Las emociones generan tensión y por lo tanto movimiento de cambio y transformación. Por eso no podemos escaparnos de ellas, porque siempre se hacen reconocer. Y gracias a ellas el pensamiento es activo, productivo y creativo. Los cuatro elementos necesitan mantenerse en equilibrio y, para ello, interactúan los unos con los otros en un intercambio continuo de fuerzas. Cuando uno u otro prevalece, se desestabilizan todos y así los demás entran en acción y la unión predomina.

La tierra es una fuerza nocturna y misteriosa, puede volverse árida si el viento sopla incesante o si el fuego del sol la calienta sin tregua, a menos que el agua no aparezca para regenerarla y fecundarla. La fuerza solar expresiva del fuego puede exaltarse y generar muchos conflictos, destrucción, pasiones devastadoras, orgullo y presunción si el aire lo alimenta mucho. Encontrará su paz en el agua y en la tierra que lo contiene. El agua de los sentimientos y de las emociones, fuerza lunar del humor, puede irrumpir en la tierra y provocar aludes si ese elemento no la contiene con su firmeza. El ardor excesivo del fuego puede forzarla hacia el estado de vapor haciendo que se pierda su fuerza creativa y fertilizante. El aire puede agitarla de tal manera que produzca el ahogamiento o puede paralizarla completamente en el hielo, a menos que el calor del fuego mitigue el frío. El aire es una fuerza diurna y extrovertida, su movimiento es incesante y dispersor; en contacto con el agua sentimental se vuelve comunicativo pero en el exceso de calor se vuelve seco y árido, así pierde la alegría creativa a menos que la tierra lo acoja mostrándole su estabilidad y su firmeza.

Cuando los elementos están en equilibrio, el aire asociado a la mente y al pensamiento así como a la extraversión, la curiosidad y el idealismo se vuelve en nosotros una simiente creativa de renovación, creatividad, voluntad, determinación y libertad ante las normas impuestas. La tierra asociada a la materia, al cuerpo y a la introversión se vuelve acogedora como un útero en gestación creativa que nutre las ideas y el pensamiento con su cualidad de elección, escucha, responsabilidad y unificación. El fuego, asociado al espíritu, invita a la vitalidad, a la transformación, al entusiasmo y a la energía radiante y expresiva. Se vuelve alegría creativa, fecunda las simientes que se encuentran en la tierra y en el agua. Su cualidad es la generosidad. Es expansivo y da al pensamiento y a las ideas el aliento divino de la vida. El fuego del espíritu fecunda la estabilidad de la materia que ha cedido al agua del alma, en la que el aire como movimiento evolutivo ha puesto las ideas para que una vez nutridas tomen cuerpo y forma. En su combinación armoniosa, las fuerzas de las expresiones de los elementos actúan en nosotros siguiendo los pasos del proceso de transformación alquímica. Así del negro de la materia ordinaria pasa al blanco de la metamorfosis, luego al rojo de la sublimación hasta llegar al oro de la trascendencia. Éste es el camino evolutivo de nuestra conciencia, hacia la sabiduría de nuestra materia y el objetivo de nuestra vida sobre este maravilloso mundo que es llegar a nuestra Madre Tierra.

Conclusiones

*La felicidad es una elección de cada momento,
no un resultado.*

Saint Germain

En los últimos milenios hemos vivido solamente en la parte izquierda de nuestro cerebro. Es la zona vinculada a lo racional, a la lógica y lo masculino. El hemisferio derecho se ha ido durmiendo y así también los aspectos creativos y sensitivos. Nos hemos separado de la polaridad femenina de nuestra alma y por eso nos hemos divorciado de nuestra Madre Tierra y de todo lo que conlleva la esencia femenina de la vida. La sabiduría de la esencia femenina de nuestra alma considera la vida en un sentido global, amplio y circular. Así opera la creatividad productora que conserva, acoge y puede ver mas allá. No se complace consigo misma en una vanidad absurda sino que crece en su prolífica capacidad de amar, de dar amor y armonía para favorecer nuevos nacimientos, nuevas fuerzas. Nos entrega siempre energías jóvenes y vitales para que la vida pueda continuar y reproducirse en formas y con cualidades cada vez más evolucionadas. Nuestra polaridad femenina reconoce lo sagrado en cada una de las manifestaciones de la vida. Si nos separamos de lo femenino, perdemos nuestra otra mitad complementaria. Por eso nos hemos ido haciendo un poco más estériles. La naturaleza es el reflejo de la unión mística y armónica de nuestras dos partes. Y ahora también se ha convertido en el espejo que nos muestra nuestras distorsiones, la falta de armonía y la soledad de nuestro interior dividido en dos mitades. Éste es un espejo que nos resulta bastante incómodo porque nos dice la verdad y no queremos contemplarla. El hombre se ha vuelto reactivo y no activo, ha ignorado la mitad femenina de su alma y ha tratado de someterla y violentarla a cualquier precio. Los devas, espíritus de la naturaleza, sufren tremendamente a causa de esta separación y se llenan de tristeza por culpa de nuestra testarudez. La falta de armonía que creamos es una fuente de padecimiento para su esencia que vive, opuestamente a nosotros, con el sentido de unidad del ama del mundo. Con nuestras presunciones estamos creando dolor en el mundo humano, vegetal, animal, mineral y también en los reinos invisibles de las energías que los gobiernan. Lo creamos o no, el deber de los devas está en relación directa y estrecha con nuestra evolución. Los seres humanos hacemos mucho ruido. Hemos roto la benéfica quietud del silencio con nuestras tecnologías. Y sin embargo dentro de nosotros también viven sonidos maravillosos. La lástima es que no estamos acostumbrados a oírlos. Tenemos miedo del silencio interior y obstinadamente nos negamos a escuchar su música, fingiendo que no somos capaces de oírla. Dentro de nosotros viven los sonidos de la armonía que raramente son articulados o nombrados por nuestros labios, mientras nuestra mente los relega al incierto tiempo que llama utopía. Todo cuanto el hombre ha inventado para aliviar la fatiga de sus brazos produce ruidos increíbles. Hemos aprendido a usar la materia de esta Tierra para adaptarla a nuestras necesidades materiales. Hemos sido hábiles. Pero no hemos podido sumar otras necesidades ni otros aspectos y así hemos alcanzado un estado de paroxismo.

Hemos llenado nuestro planeta con nuestra absurdidad. Hemos rellenado los espacios verdes con toneladas de cemento ensuciando la piel de la tierra, hemos envenenado sus aguas, desgastamos sin propósito las fuentes de energía, hemos iluminado la faz de la Tierra de manera anormal, tanto es así que desde el espacio sideral parece un sol. Nos hemos aprovechado del equilibrio del terreno para cultivar y así hemos alterado nuestra salud. Hemos sido completamente insensibles al sufrimiento de nuestros congéneres así como de los animales que matamos violenta y despiadadamente con el pretexto de reducirlos a comida aunque nos hagamos ricos con todo ello. Hemos lacerado montañas para extraer de sus entrañas lo que nos conviene, hemos herido valles y colinas penetrándolas con nuestros invasivos medios de locomoción. Ensuciamos el aire con componentes altamente tóxicos y los tiramos al mar acabando indiscriminadamente con sus criaturas y sus riquezas. Nuestro deseo de encontrar bienestar y crearlo nos ha jugado una mala pasada. Sin embargo, de manera paralela en nosotros existen capacidades maravillosas que aún no hemos desarrollado. Todo cuanto hemos hecho es también el fruto del poder masculino inmaduro que ve solamente el resultado a corto plazo y que ha impuesto su necesidad de dominar el alma de la humanidad que es aún muy niña.

Me gustaría creer que un día llegaremos a tal grado de armonía interior que conseguiremos no romper el silencio, que la tecnología que fabriquemos dará la mano al pensamiento creativo, acorde a la naturaleza de cada criatura viviente, que viviremos respetando la vibración armónica del universo.

Necesitamos silencio. ¿Pero qué es el silencio que a veces deseamos tanto, especialmente cuando nuestra mente recorre las olas tumultuosas de los pensamientos caóticos que corren como caballos salvajes desbocados en un mar de tempestades? ¿Qué es el silencio? ¿No es más que la quietud absoluta ante el desenfreno de los porqués, los quizás, las hipótesis y los deseos que buscan sus respuestas y sólo encuentran confusión en infinitas soluciones? El silencio que buscamos vive en el corazón. Se trata del corazón que sabe, que conoce la vida, que no critica, no objeta, no hace juicios de valor y obedece su inteligencia y su sabiduría. Pero nuestra mente interrumpe su acción con sus miedos y sus juicios. En el corazón no hay miedo, sólo la mente ordinaria lo conoce. Actuar con el corazón, a pesar del miedo, es ser valientes. El coraje y la valentía son fuerzas del corazón y nos impulsan a actuar en situaciones inciertas. Pero cada acción está condicionada porque no sabemos nada sobre su éxito y podemos pronosticar solamente un número determinado de posibilidades y consecuencias, mientras que de su trama infinita de variables se pierde en la eternidad. Cada acción representa una elección grande y otras adyacentes, pero cada una es parte del mosaico de nuestra vida que, a su vez, se engarza en el mosaico infinito de la vida universal. Nuestras decisiones y lecciones personales se encuentran y desencuentran con las de los demás. Así viajan en olas de millones de posibles coincidencias en el tiempo y en el espacio. Cuando sentimos que nuestros deseos no nos pertenecen solamente a nosotros y que alcanzan el territorio más amplio de las necesidades de los demás, de todos, tan similares a nosotros mismos y que se expresan como deseos de paz, amor, abundancia, es entonces cuando nuestras decisiones nacen del corazón. Nuestra libertad pertenece únicamente a la conciencia y sólo responde ante ella. Así nos vamos haciendo cada vez más responsables de lo que hacemos con nuestro corazón. Mientras no nos sintamos libres de ser nosotros mismos, estaremos encadenados y así arrastraremos las vidas de los demás con la nuestra. Creo que no existe una libertad mayor en la condición humana que la que ofrece la posibilidad de entregarnos a nosotros mismos, tal como somos y desde nuestro corazón. El corazón nunca nos rechazará.

Es necesario que nos ofrezcamos el regalo de aceptarnos y de mirarnos sin condenarnos ni juzgarnos. Necesitamos dar compasión a nuestro sufrimiento y a nuestros errores. Lo hemos llamado perdón, pero en el fondo es un gran sentimiento de amor y comprensión. Es suficiente con ser capaces de observar con amor las zonas más oscuras de nuestro ser, nuestras sombras. Al hacerlo damos la posibilidad a otros de que ellos también lo logren al conectar con su propia capacidad de amor para que, al igual que nosotros, se liberen de la carga que habían sostenido pensando en que no había más opción y que aceptarlo era la única salida, pero nada de ello les daba felicidad. Hay otras opciones y nosotros lo sabemos. El peso que nos ha mantenido vinculados los unos con los otros ha significado que se fueran dispersando nuestras personalidades, nuestras verdades a la par que nos hemos ido negando continuamente la grandeza divina de nuestro destino. Nosotros podemos cambiarlo sin necesidad de que otros lo hagan por nosotros. Estamos totalmente sintonizados con el sufrimiento y lo diseminamos continuamente. ¿Pero cuánta felicidad recordamos para poder sintonizarnos con ella y así distribuirla por el mundo entero? Podemos buscarla, en cada momento hay un aliento de felicidad.

Si nos acercamos al espejo de la naturaleza, veremos lo malo pero también lo bueno. Podremos observar lo que se ha curado y lo que creíamos perdido, nuestras cualidades, capacidades y nuestro conocimiento. Si permitimos que la naturaleza nos nutra con su lenguaje mágico y simbólico, podremos volver a encontrar el poder de la belleza que está en nosotros. La belleza es una expresión del amor, de la alegría, de la paz y de la sabiduría unidos en un todo armónico. La quietud se puede alcanzar si descansamos los ojos del alma en la contemplación y así permitimos que el ruido de la mente repose frente a la belleza. Cuando el alma puede contemplar el corazón que genera la belleza, entonces encuentra el silencio. El silencio es ausencia de tiempo, es el instante que toca la eternidad, la gota que encuentra el océano. La belleza que el corazón reconoce es el espejo en el que vemos el reflejo del espíritu sublime. Intuimos que le pertenecemos, pero hay más, lo cambiamos en un intenso sentimiento, un encanto místico, mientras en el espejo vemos nuestro propio ser, nuestra verdadera naturaleza inefable e incorruptible. En ese instante la mente no detiene nada ni necesita nada y se entrega a un gran poder de una luz maravillosa. Entonces, sólo entonces hay silencio, ausencia de dolor y no hay sufrimiento.

Normalmente, necesitamos que la belleza nos sorprenda fuera de nosotros para poder reflejarnos en ella hasta que empieza a tocar en el arpa de nuestra alma ya cansada de tanto buscarse a sí misma. Al igual que un niño que renace cuando reconoce el amor en los ojos de la madre que lo tiene en su regazo, así se siente seguro, reparado de los miedos y las dudas. De esta forma vive el alma el momento del encuentro con la belleza. Las dudas se aplacan, no hay preguntas, ninguna incertidumbre, ningún final ni ningún inicio. Todo se vuelve un círculo perfecto, todo está bien y siempre lo ha estado. Todo es silencio en la música de la paz infinita. Todo es beatitud. La contemplación es el primer paso hacia la identificación de nuestra esencia divina. Pero entonces no nos sirven los ojos porque nos conducen a engaño. Lo que necesitamos hacer es ponernos en la línea del corazón, sintonizar con él, dejar que afloren los sentimientos de amor, de gratitud y de comprensión. A la vez, es importante ofrecer todo esto a los demás. Tal como quedan bien explicado y señalado en el libro *El profeta* de G.K. Gibran:

> «*¿No es la plegaria acaso la expansión de nosotros mismos en el éter? Cuando rezamos nos ponemos a disposición para encontrar en el aire a aquellos que en el mismo instante también están rezando, sólo los podemos encontrar durante la plegaria. Dios sólo escucha las palabras que Él mismo pronuncia con los labios de todos nosotros*».

El alma regresa en cada amanecer y entonces recolecta una a una las perlas de la conciencia. Una a una... y después las enfila para crear una joya de extraordinaria belleza. Muy a menudo estas perlas han sido originariamente una de nuestras lágrimas. No siempre provienen del dolor. Ha habido lágrimas de felicidad que han bañado nuestro rostro a lo largo de innumerables vidas. Cada una de las vidas que hemos pasado en esta Tierra implica una larga historia y en cada historia hemos sufrido y también amado innumerables veces.

Cada vez nuestro corazón se ha llenado un poco más de amor y comprensión, colmándose de regalos como nuestros talentos y virtudes que conforman un bagaje precioso que despertamos en nuestra alma. Ese tesoro no nos abandona, nos ha seguido hasta nuestra vida actual y nos ayuda a actuar creativamente para el bien mayor del universo.

Ahora ya lo tenemos casi todo, todos los medios para retener en nosotros lo que creemos que de verdad puede hacernos felices. Ya hemos vivido el dolor de la pérdida, el sufrimiento. ¿Estamos listos para transformar lo amargo en dulce? Ahora nuestras conciencias están expandidas, podemos elegir el amor, ir hasta el final, asumir nuestras responsabilidades, desarrollar nuestro bienestar. Habíamos buscado la felicidad fuera de nosotros y no la encontramos. Ahora podemos seguir la senda trazada por quienes nos han precedido desparramando semillas de luz por todas partes para que las encontremos. Estamos siendo llamados para reconocer nuestra maestría. Podemos ver en el futuro los mensajes de quienes nos han precedido. Nuestro pasado vuelve a aparecer repitiéndose tanto en nuestra historia personal como en la colectiva para que prestemos más atención. Ahora sabemos que el corazón es el gran instrumento y vehículo, el gran poder que nos permitirá cambiar la realidad de nuestra vida personal. El alma colectiva elige otro paradigma y modelos renovados para la realidad del mundo. Quisiera volver a citar a Gibran:

«*La fuente encerrada en el alma un día logrará escapar y murmurará al mar; y en los ojos de todos se desvelará el gran tesoro de la inmensidad que está en nosotros*».

Si así lo deseamos, no hay ningún obstáculo que no pueda ser superado con amor. ¿Y los ángeles de la naturaleza? Sólo están esperando una sonrisa nuestra para caminar a nuestro lado y acompañarnos.

Plegaria tibetana:

Iluminados y portadores de la iluminación,
de las estrellas de las direcciones
y de los ciclos de los tiempos.
Unión de maestros.
Divinidad de meditación,
mensajeros celestes
y protectores del Dharma.
Vosotros, que sois innumerables
como las partículas del universo,
ubicados sobre un loto blanco de luz
en el espacio infinito,
estáis invitados.
Y en vuestra presencia os rindo homenaje
con el cuerpo y las palabras
y el Espíritu unidos.

Índice

Introducción 9

Primera Parte

El deseo del alma 15
La visión de un nuevo mundo 21
La llave del pasado 29
El artista escondido en nuestro interior....................... 33
Sintonizar el corazón 41
La oveja perdida 49
La realidad sutil 55
Presencias invisibles de la naturaleza 63
Encuentros 71

Segunda Parte

Un amable susurro en nuestro corazón 77
Región de Umbría: Las dríadas: el deva de un árbol quercia.............. 79
Región de Umbría: El gnomo y las luces en el sendero.................... 81
Región de Véneto: El hada de las nieves........................ 85
Región de Lombardía: Las lucecillas y el elfo 87
Región del Trentino: La cierva blanca 91
Región de Lombardía: El canto de las ondinas............. 93
Región de Lombardía: A la búsqueda del lugar sagrado 95

Suiza: El regalo de las hadas 99

Irlanda: La sinfonía de la floresta 101

Región de Lombardía: La fuente de cristal 105

Región de Campania: La cueva de los gnomos 109

Región del Valle de Aosta: Los devas de la cascada 113

Región de Umbría: Elfo del rovo 115

Región noroccidental de Francia: El gran deva del aire 119

Francia, en la región de Bretaña,
    en la floresta de Broceliande: El gran deva del agua 123

En Italia, en la región de los Alpes occidentales: El deva del fuego ... 127

Región de Lombardía: Un viaje astral y el gran deva de la tierra 131

Región de los Alpes orientales: Los devas de la noche de Navidad 135

Región de Trentino: La guardiana de la fuente 141

Región de los Alpes occidentales: El deva de la montaña 147

Región de Trentino: El deva del lago 151

Región de las Dolomitas: El guardián de los animales del bosque 155

Región de Alto Adige: El reino de las hadas 157

Tercera Parte

Los devas, ángeles de la naturaleza 161

Los devas de los cuatro elementos 169

Los devas de la tierra, devas de paisajes, de las montañas
    y del subsuelo: Enanos, gnomos, elfos y dríadas 173

Los devas del agua: Hadas, ondinas y espíritus de agua dulce
    y salada 181

Los devas del aire: Las sílfides y los devas del aire 187

Los devas del fuego: Las salamandras y los grandes devas del fuego .. 193

Los cuatro elementos en nosotros 199

Conclusiones 207

Devolver la abundancia a la Tierra
Wangari Maathai

Una apasionada llamada a la acción para sanar las heridas de nuestro planeta y para sanarnos los seres humanos, a través de los principios de nuestras tradiciones espirituales, de una mujer laureada con el premio Nobel de la Paz.

En nuestro mundo moderno es muy fácil sentirse desconectado de la Tierra física. A pesar de las advertencias directas y de la creciente preocupación por el estado de nuestro planeta, muchas personas no están al corriente de lo que ocurre en el mundo natural. Wangari Maathai trabajó durante muchos años con el Movimiento Cinturón Verde para ayudar a las mujeres de la Kenia rural a plantar y mantener millones de árboles. Metiéndose de lleno en la acción con la Tierra, estas mujeres suelen sentirse de pronto fortalecidas y comprometidas con esta situación, de un modo que nunca antes habían experimentado. Y Maathai quiso transmitir ese sentimiento a todo el mundo, puesto que consideraba que la clave se halla en los valores espirituales tradicionales: amor por el entorno, mejora personal, gratitud y respeto, así como compromiso con el servicio. Aunque fue educada en la tradición cristiana, Maathai se sintió inspirada por muchas tradiciones religiosas, y celebró el mandato judío de *tikkum olam* («repara el mundo»), al mismo tiempo que renovó el término japonés *mottainai* («no derroches»). Consideraba que, mediante una nueva consagración a estos valores, finalmente podremos sanarnos a nosotros mismos y al planeta.

Entra en la mente del planeta Tierra
Bianca Atwell

Este libro nos habla de la mente del planeta Tierra, un campo no local e ingobernable al que todos estamos conectados.

Bianca nos invita a experimentar nuevas dimensiones y estados de consciencia que nos llevarán a entender nuestra realidad desde una perspectiva totalmente diferente.

El origen de nuestra Madre Tierra en el cosmos, la influencia de los planetas en el ser humano, el control social al que estamos sometidos, las curiosidades de nuestro sistema solar, y otros temas apasionantes son tratados con un lenguaje ameno y conciso.

Desmitifica las creencias sobre el año 2012, sin embargo nos alerta sobre radiaciones solares muy potentes y sus consecuencias en nuestros sistemas dependientes del magnetismo y la electricidad.

En medio de las revelaciones, aparece un personaje ficticio, la pequeña Arapoty, que inicia un viaje espiritual a bordo de un barco que navega por los mares del sur. Toda una aventura. Aprovecha y descubre la noosfera.

Garfield County Libraries

Checkout Receipt

10/12/2017

Carbondale Branch Library
Need to renew?
970-963-2889
www.gcpld.org

TITLE Padre rico, padre pobre : qué

BARCODE   1220003333282

DUE   11-02-17 00:00AM

TITLE   La tierra sagrada : los

BARCODE   1220004764554

DUE   11-02-17 00:00AM